Ute Karen Seggelke

Schwestern

Das Buch

Schwestern sind in jeder Hinsicht miteinander verquickt – ihr Leben lang, ob sie wollen oder nicht. Sie können Freundinnen sein, Konkurrentinnen, Seelenverwandte oder Fremde. Ute Karen Seggelke hat dreißig ganz unterschiedliche Schwestern – bekannte wie unbekannte – interviewt und so elf bemerkenswerte Porträts von »Schwesternschaften« gezeichnet: Frauen mit ein, zwei oder mehreren Schwestern zwischen 18 und 70 Jahren geben persönliche Einblicke in ihr schwesterliches Leben.

Die Autorin

Ute Karen Seggelke, geboren 1940, lebt und arbeitet als freie Fotografin in Nordfriesland. Ihre Schwerpunkte sind Menschendarstellung, Architekturfotografie und Kulturreportagen. Ihre Arbeit wurde vom Art Directors Club und von der Stiftung Buchkunst ausgezeichnet. Sie lehrte zwölf Jahre an der Hochschule für Bildende Künste in Braunschweig.

Ute Karen Seggelke

Schwestern

30 Porträts

FREIBURG · BASEL · WIEN

HERDER spektrum Band 6996

Meinen Töchtern Imke und Birte

MIX
Papier aus verantwortungsvollen Quellen
FSC® C083411

Copyright © Gerstenberg Verlag, Hildesheim 2002

© Verlag Herder GmbH, Freiburg im Breisgau 2017
Alle Rechte vorbehalten
www.herder.de

Umschlaggestaltung: Gestaltungssaal
Umschlag- und Innenteilfotos: © Ute Karen Seggelke

Satz: Arnold & Domnick, Leipzig
Herstellung: CPI books GmbH, Leck

Printed in Germany

ISBN 978-3-451-06996-3

Inhalt

DIE AMARI-ZWILLINGE   **9**
Lena Amari   10
Florence Amari   14

DIE BREHMER-SCHWESTERN   **19**
Christa Brüske   20
Anke Harles   28
Suse Röhrs   34
Heike Schwenn   39

DIE HAUSNER-SCHWESTERN   **47**
Jessica Hausner   48
Tanja Hausner   53

DIE KEIZER-SCHWESTERN   **59**
Ans Keizer   60
Amelie Keizer   65

DIE KÖNGETER-SCHWESTERN   **71**
Sybille Köngeter   72
Angela Köngeter   76

DIE OHLHAVER-SCHWESTERN   **83**
Titia Ohlhaver   84
Adriana Ohlhaver   89

DIE RIEMANN-SCHWESTERN 95
Katja Riemann 96
Susanne Riemann 103

DIE SCHINS-SCHWESTERN 111
Marie-Thérèse Schins 112
Elly Op de Laak 121
Mareike Schins 122
Josephine Schins 125
Marlène Schins 129
Tonny Clabbers 135

DIE SCHNIEWIND-SCHWESTERN 141
Bettina Tietjen 142
Dagmar Schniewind-Sturtz 150
Petra Folger-Schwab 156

DIE STEINHARDT-SCHWESTERN 163
Heide Simonis 164
Dodo Steinhardt 172
Barbara Steinhardt-Böttcher 178

DIE ZIELLENBACH-ZWILLINGE 185
Annette Ziellenbach 186
Elinor Ziellenbach 193

Florence Amari (l.) und Lena Amari (r.)

Die Amari-Zwillinge

Lena Amari

Solange ich denken kann, war meine Zwillingsschwester neben mir. Ich erinnere mich an die Kindergartenzeit, wo wir viel miteinander gespielt und die Erlebnisse miteinander geteilt haben. Da war ich mir schon bewusst, dass Florence meine Zwillingsschwester ist. Sie gehörte ganz selbstverständlich in mein Leben, und ich habe es so angenommen, wie es war.

Unsere Eltern trennten sich, als wir sieben waren, kurz bevor wir in die Schule kamen. Vorher haben wir in Heilbronn gelebt. Daran kann ich mich noch gut erinnern, weil das eine schöne Zeit war, bis sich dann mein Vater und meine Mutter häufiger stritten.

Florence und ich waren bis auf ein Mal, als mein Vater mich mit nach Holland mitgenommen hat und Florence in Hamburg blieb, nie getrennt. Wir überlegen jetzt, ob wir nicht getrennt Urlaub machen sollen. Es wäre eine spannende Zeit, auch einmal alleine, ohne die Schwester, Erfahrungen zu sammeln und sich dann hinterher die Ereignisse erzählen zu können.

Eine Zwillingsschwester zu haben, ist schon sehr vorteilhaft, weil man immer jemanden in seinem Alter in der Nähe hat. Wir können wirklich gut miteinander reden, Gefühle miteinander teilen, zusammen lachen und gemeinsam schöne Dinge erleben. Auch wenn eine von uns einmal mit der Freundin zerstritten ist, haben wir uns noch und können uns beistehen. Gemeinsam sind wir stark, und das nutzen wir manchmal aus.

Wir erzählen uns eigentlich alles, aber wir haben, seit wir auf dem Gymnasium sind, auch unsere eigenen besten Freundinnen. Natürlich haben wir auch gemeinsame gute Freunde. Nachmittags unternehmen wir fast alles zusammen. Wir gehen segeln, donnerstags und dienstags gehen wir zum Basketball. Manchmal verabreden wir uns auch getrennt, aber meistens sind wir zu zweit oder zu viert. Wir werden als Zwillinge wahrgenommen, aber auch einzeln in unserer Eigenart respektiert.

Wir leben seit 14 Jahren in einem Zimmer; da gehen wir uns schon manchmal auf den Wecker, dann fliegen zu Hause die Fetzen. Es gibt immer mal so Phasen, in denen wir uns mehr streiten. Dann schreien wir uns an, und jede zieht sich in einen anderen Raum zurück. Die eine sitzt dann in der Küche und die andere im Zimmer. Wir lassen uns eine Zeit lang in Ruhe und gehen uns aus dem Weg. Meistens gehe ich als Erste zu Florence und sage, dass ich diesen Zustand doof fände, und dann vertragen wir uns. Das dauert nie lange, weil wir das gar nicht aushalten. Manchmal kommt unsere Mutter und fragt, ob sie uns helfen solle, aber dann meinen wir: Nein, das können wir jetzt langsam alleine klären.

Unsere Mutter arbeitet oft bis abends spät und darum steht sie morgens nicht mit uns auf, das machen wir allein. Ich bin verantwortlich für den Wecker und dafür, dass Flo aufsteht. Sie hat einen tiefen Schlaf, ich hab eher einen leichteren. Der Frühstückstisch ist schon am Vorabend von unserer Mutter gedeckt. Dann frühstücken wir und fahren mit dem Fahrrad gemeinsam zur Schule. Früher war unsere Mutter viel für uns da, aber jetzt ist sie voll berufstätig, und wir sind die meiste Zeit alleine zu Hause.

Wenn wir aus der Schule kommen, kochen wir uns gerne selber etwas; Spaghetti oder irgendwas Einfaches. Flo verdient eigentlich die goldene Kochmütze, weil sie schon richtig gut kochen kann. Ich bin dann die Hilfsköchin, der Lehrling, das macht uns großen Spaß. Wir sind beide in unterschiedlichen Dingen gut. Wir versuchen nicht, die andere zu übertrumpfen, sondern jede für sich so gut wie möglich zu sein. Ich bin ein bisschen besser in der Schule. Florence ist künstlerischer. Sie kann wunderbar malen und ich sehe gerne, wie sie tanzt. Sie kann schön singen, und ich liebe es, wenn sie mir abends etwas vorsingt. Ich bewundere ihre Locken und würde auch gerne solche Locken haben, die finde ich sehr schön.

Wir kennen einander so gut, dass wir beide sehr genau wissen, was wir aneinander nicht mögen, oder wann der Punkt ist, an dem wir genervt sind. Florence kommt dann zum Beispiel an und sagt, dass unser Zimmer so unordentlich ist und ich jetzt doch mal aufräumen müsste. Manchmal bevormundet sie mich etwas.

Ich sehe Florence als einen lebensfrohen, manchmal etwas launischen Menschen. Sie ist für mich eine offene, auch liebevolle Schwester. Ich finde sie schön, und ich bin sehr froh, sie als Schwester zu haben. Darüber sprechen wir gelegentlich, dass wir das echt gut finden und es uns gar nicht vorstellen können, uns nicht zu haben.

Natürlich vergleichen wir uns und gucken, wie macht die andere das, gerade weil wir gleich alt sind, in derselben Klasse sind und die gleichen Bedingungen haben. Aber das ist eher unbewusst, das macht jede für sich, denke ich. Das führt nicht zu einem Konkurrenzgefühl, sondern eher zu dem Gefühl, dass wir auf einer Ebene sind – obwohl wir auch verschieden sind. Florence ist ein bisschen dominanter als ich. Ich versöhne mich schnell wieder und Flo ist eher nachtragend. Wir sind beide ein bisschen rechthaberisch und müssen beide das letzte Wort haben.

Wie es nach der Schulzeit weitergeht, weiß ich nicht, aber ich bin sicher, dass wir immer Kontakt haben werden, dass wir uns öfter besuchen werden und hoffentlich auch nicht allzu weit voneinander entfernt wohnen. Sie ist, neben meiner Mutter, der wichtigste Mensch in meinem Leben. Wir haben gemeinsam überlegt, wie es wäre, wenn wir keine Zwillinge oder keine Schwestern wären, ob wir dann auch befreundet wären. Wir sind ganz sicher, so wie wir uns mögen, wären wir Freundinnen. Sie ist meine Freundin, auch wenn sie meine Schwester ist. Die Beste, mit der man zusammen sein kann.

Florence Amari

Lena, meine Zwillingsschwester, ist eine Minute älter als ich. Schon in der Kindergartenzeit war mir bewusst, dass ich in ihr jemanden habe, auf den ich zählen kann. Ich konnte sie rufen, sie war immer in meiner Nähe. Natürlich haben wir uns auch gestritten, aber wir konnten uns schneller wieder vertragen als mit einer Freundin. Ich kenne Lenas Schwächen und Stärken genau, und darum komme ich eher wieder an sie heran.

Als unsere Eltern sich trennten, waren wir sieben. Es war natürlich eine starke Veränderung, weil wir zu dem Zeitpunkt auch umgezogen sind. Zuerst habe ich vielleicht etwas vermisst, war auch mal ein bisschen traurig, aber das ging schnell weg und war vergessen. Wir hatten ja immer uns zum Spielen, und wir haben uns gefreut, dass wir uns hatten.

Heute habe ich manchmal das Gefühl, dass ich ab und zu ganz gerne ohne sie sein möchte, nicht um mich zu beweisen, und schon gar nicht ist das böswillig. Es geht mir aber auch ganz gut ohne sie, und ich kann gut auch mal von ihr lassen. Aber früher war es eher so, dass wir alles gerne zusammen gemacht haben und immer zueinander strebten. Jetzt versuche ich, das ein bisschen zu umgehen, indem wir zum Beispiel die Hausaufgaben getrennt machen, und ich ärgere mich, wenn sie mir ins andere Zimmer beim Klamotten-Suchen folgt, oder genauso andersherum ärgert Lena sich, wenn sie gerade am Computer sitzt und ich komm ganz selbstverständlich, um zu gucken, was sie macht. Das nervt uns manchmal.

Heute stärkt es mich einerseits, zu zweit zu sein, aber andererseits behindert es auch ein bisschen. Wir erleben alles zusammen, zum Beispiel waren wir mit unserem Vater in Urlaub. Wenn ich zu Hause berichten will, erzählt Lena es aus ihrer Sicht, aber ich will meine Sicht zeigen, und das ist sehr schwer, weil durch Lenas Sicht andere Eindrücke oder auch andere Stimmungen entstehen. Das ärgert mich manchmal. Ich muss lernen, zu akzeptieren, was der andere sagt, aber das ist schwer. Oder manchmal, wenn ich etwas erzähle, nimmt sie die Pointe vorweg, weil sie die Lösung ja kennt. Wir unterbrechen uns aber nicht böswillig, sondern weil wir ähnlich denken.

Weil wir so viele Situationen gemeinsam erleben, müssen wir nicht viel reden. Wir wissen alleine durch die Mimik oder durch den Tonfall, was sie meint oder auch, wie sie sich fühlt. Das ist schon sehr verfeinert. Ich brauche nicht viel zu erzählen, wie ich etwas finde, sondern dadurch, dass Lena mich so gut kennt, weiß sie dann schon Bescheid. Und wir können einschätzen, wie die andere reagiert oder wie sie sich in einer Situation fühlt. Dann versucht man, das ein bisschen aufzuheben oder, wenn nötig, zu besänftigen.

Lena ist sensibel, aber nach außen zeigt sie das nicht. Wenn wir uns gestritten haben, steckt sie das einfach weg, geht in ihr Zimmer und hat es schon vergessen. Sie ist nicht nachtragend, und das schätze ich an ihr. Bei uns gibt es keinen Neid. Wir sagen uns, was wir aneinander schön finden. Wenn wir aufeinander sauer sind, nutzen wir aber die Situation nicht aus, indem wir uns Sachen sagen, die uns verletzen, weil wir unsere schwachen Punkte kennen. Wir gehen gut miteinander um und können uns tolerieren. Lena kann schneller laufen und viel weiter springen als ich, aber dafür kann ich weiter werfen. Ich bin überhaupt nicht neidisch, sondern teile die Freude gerne mit ihr. Genauso freut sie sich auch für mich. Wir helfen uns gegenseitig, zum Beispiel erkläre ich ihr die Technik beim Werfen und sie erklärt mir die Technik vom Sprinten. Wir versuchen sozusagen, die Lücken der anderen durch unsere Stärken zu füllen. Wir selbst vergleichen uns weniger, aber wir werden von anderen verglichen. Florence hat diese Note und Lena die, und dann wird der Zusammenhang erklärt, warum ich diese habe und Lena die – es wird also viel verglichen.

Wir streiten uns gerne, aber nur um kleine Sachen. Eigentlich sind es nur Diskussionen, die hochgeschaukelt werden; manchmal steckt Witz dahinter, aus dem dann doch Ernst wird. Ich kann nicht gut mit ihr streiten, weil ich genau weiß, sie sagt jetzt das, was mich traurig macht, oder ich sag das.

Es ist also nicht fair, mit ihr zu streiten; wir kennen uns zu gut. Wir werden laut, und ich glaub, ich bin die Dominierende, die meint, sie hat recht, aber vielleicht ist es manchmal gar nicht so. Keine von uns gibt nach. Wir gehen so ziemlich Kopf gegen Kopf, weil wir nicht ausweichen können oder weil die andere immer wieder herausfordert. Ich bin nachtragender, und ich möchte dann hinterher noch ein bisschen besprechen und auflösen. Lena meint eher, dass es sich längst gelöst hat, und ist ein bisschen genervt. Sie kann ungelöste Dinge gut in eine Schublade stecken und wegschließen, und ich muss noch einmal aufwirbeln und besprechen.

Obwohl wir uns ähnlich sind, sind wir nicht gleich. Lena denkt sich manchmal etwas aus und dichtet etwas dazu. Sie übertreibt gerne ein bisschen, ich bleibe lieber bei der Sache.

Eigentlich hat jede so ihre Phasen; mal ist sie trauriger und ich fröhlich oder umgekehrt. Es gleicht sich aus. Wir sind nicht immer zur gleichen Zeit traurig, zur gleichen Zeit fröhlich; das ist ganz gut, so können wir uns gut unterstützen.

Unsere Zweisamkeit bestärkt uns mehr, als dass sie uns behindert. Es ist immer eine da, der man etwas erzählen kann, die auch zuhört und mit der man kuscheln kann, wenn sie Lust hat. Lena ist mehr Schwester aber auch ein bisschen Freundin. Manchmal versuche ich, sie mehr als Freundin und mit mehr Abstand zu sehen und dadurch vielleicht ein bisschen gerechter zu sein.

Wir stehen auf den gleichen Typ von Jungen, aber das gibt mehr so Scherzkonflikte; wenn ich sag: Hast du den gesehen, der sieht ja gut aus. – Und sie: Oh nee, den wollte ich doch. Das ist also mehr Spaß, aber ich glaube, wenn es wirklich ernst wird, dass wir den Gleichen gut finden, dann finden wir einen Ausweg. Alle Notsituationen sind schon durchgesprochen, zum Beispiel, dass wir uns nicht den Freund wegschnappen, und wenn die eine später mal einen Freund hat, dass man den, wenn sie nicht mehr zusammen sind, in Ruhe lässt. Ich bin gespannt, ob wir das so machen können.

Irgendwann muss jede ihren eigenen Weg finden. Vielleicht wollen wir nach einer vorübergehenden Trennung später wieder zusammenwohnen, vielleicht in der Übergangsphase mit Freunden eine WG gründen. Wir wollen auf jeden Fall Kontakt halten, bis wir ganz alt werden, das haben wir uns vorgenommen. Lena zur Seite zu haben, stärkt. Sie macht mir Mut, und ich ihr; es ist ein gutes Gefühl, einen Zwilling zu haben.

Heike Schwenn, Christa Brüske, Suse Röhrs, Anke Harles, Karen Voss (v.l.n.r.)

Die Brehmer-Schwestern

Christa Brüske

Mit Anke, meiner jüngeren Schwester, habe ich die Kleinkinderzeit verbracht. Sie ist nur ein Jahr jünger als ich, und wir haben sehr schön zusammen gespielt, aber auch viel und heftig gestritten. Ab 1935 wohnten wir in einem von meinem Vater gebauten Haus in den Hamburger Walddörfern. Das Haus gehörte meinen Großeltern, die unter uns wohnten. Diese Vorkriegszeit haben wir, trotz der wirtschaftlich schwierigen Situation, sehr friedvoll und schön erlebt. Wir lebten viel im Garten und lernten von Opa Fritz und Omi auf Waldspaziergängen vieles über die Natur.

Ich erinnere mich besonders gern an Weihnachten. Wenn es klingelte, durften wir hereinkommen und mit großen Augen den von meinem Vater bunt geschmückten Tannenbaum bestaunen.

Zusammen mit Suse, die dann schon Kleinkind war, und Anke haben wir im Sommer Reisen an die Ostsee gemacht. An diese Ferien in Niendorf habe ich sehr schöne Erinnerungen. Das letzte Mal müssen wir im Sommer 1939 da gewesen sein, denn ich erinnere mich, dass die Erwachsenen davon sprachen, dass die Butter rationiert würde, und das war schon ein Zeichen dafür, dass der Krieg bevorstand. Die Erwachsenen sprachen plötzlich sehr ernst, und diese bedrohliche Vorahnung hat sich dann ja bestätigt: Der Krieg kam, und es wurde nie wieder so wie vorher.

Wir waren eine etwas chaotische Familie. Meine Mutter bemühte sich zwar, aber sie war nicht diejenige, die die Familie durch Ruhe und Ordnung zusammenhalten konnte.

Besonders ihre Ungerechtigkeiten konnten mich verrückt machen. Dagegen leistete ich starken Widerstand, hauptsächlich verbal, zum Entsetzen meiner Mutter.

Mein Vater war ein bisschen genial. Er war Architekt und sehr künstlerisch. Er machte viel Quatsch mit uns und konnte wunderbar Klavier spielen. Ich habe ihn vergöttert. Er überließ die unangenehmen Dinge unserer Mutter. Bei mir ging es meistens um Schuldinge. Ich war schlecht in der Schule, weil ich sehr unaufmerksam war.

Anke wurde mir als leuchtendes Beispiel vorgehalten. Sie war ehrgeizig und sehr gut in der Schule. Dadurch gab es natürlich Konfliktstoff zwischen uns. Ich habe mich wohl ein wenig gerächt und sie als Ältere ein bisschen bevormundet. Ich war etwas betrübt, dass sie Eigenschaften hatte, die in der Schule offensichtlich mehr gefragt waren als meine Fähigkeiten. Das hat mich irritiert und gestört, aber ich wollte auch nicht so sein wie sie. Ich fühlte mich unterschätzt, konnte mich aber in diesem Schutz gut entwickeln. Es wurde für mich mehr und mehr wichtig, meine kleine innere Welt zu schaffen, und es brauchte niemand zu wissen, was ich dachte.

Wenn jemand mich freundlich behandelte, blühte ich auf, zum Beispiel bei meiner Großmutter Ota. Ich war das absolute Lieblingskind meiner Großmutter mütterlicherseits, und auch mit meiner Großmutter väterlicherseits, in deren Haus wir ja wohnten, hatte ich ein sehr freundliches Verhältnis.

1935 wurde meine Schwester Suse geboren. Da war ich fünf, und ich weiß noch genau, dass meine Mutter zu dieser Geburt einen Liegestuhl von meinem Vater geschenkt bekam. An die Geburten der beiden jüngsten Schwestern erinnere ich mich nicht so richtig. Ich habe zwar wahrgenommen, dass meine Mutter schwanger war, aber darüber wurde ja früher nicht geredet. Wir wurden überhaupt nicht aufgeklärt, und Anke und ich haben uns gemeinsam alles aus dem Lexikon herausgesucht.

Wir unternahmen abends im Bett, wenn wir das Licht ausmachen mussten, tolle Fantasiereisen in die feine Welt. Das war wirklich wunderbar. Einerseits haben wir uns aneinander gerieben, andererseits hatten wir auch eine große Nähe zueinander. Ich hatte nur eine Freundin, Anke hatte immer viele. Ich sehe sie noch vor mir, umgeben von ihrem Kranz von Freundinnen. Sie war viel lebhafter und lustiger als ich. Aber das störte mich nicht; ich nahm es zur Kenntnis. Registriert und beobachtet habe ich schon als kleines Kind. Ich war sehr kritisch und habe meine Mutter mit meinem renitenten Wesen manchmal verrückt gemacht. Anke war viel anschmiegsamer; sie tat viel mehr, was verlangt wurde.

In der Pubertät war ich ein Spätentwickler. Es gibt Fotos, auf denen ich mit 15 noch flach wie ein Brett bin. Anke war viel früher entwickelt, und ich habe ziemlich darunter gelitten. Zu der Zeit hatte meine Mutter außerdem zu mir gesagt: Aus dir wird nie etwas. Das fand ich nicht so witzig, aber ich hatte da schon eine Widerstandskraft aufgebaut. Ich wusste, dass die Sprüche meiner Mutter nicht für mich gelten, und war innerlich dagegen gewappnet. Ich dachte: Die arme Frau, sie weiß nicht, was sie sagt. Sie hatte immer viel zu tun; sie hat zum Beispiel einen Ballen Stoff gekauft und uns fünf Dirndlkleider mit blauen Schürzen genäht. Ich sehe das Muster noch ganz deutlich vor mir.

Wir wurden, als der Krieg vorbei war, im Haushalt sehr rangenommen. Bei eisig kaltem Wetter mussten wir die Wäsche auf die Leine hängen, die unten im Waschkeller gewaschen wurde. Die Hände taten bis in die Fingerspitzen weh – es war furchtbar. Solche Dinge haben Anke und ich häufig gemeinsam machen müssen, und dabei haben wir uns nie gestritten; das hat uns eher zusammengeschweißt.

Wir waren furchtbar viele: Anke und ich, Suse, nachher kamen Heike und Karen dazu. Meine Mutter war extrem ängstlich, und wenn sie nicht da war, fühlte ich mich sofort für die anderen verantwortlich.

Anke und ich mussten schon ziemlich früh auf die Jüngeren aufpassen; zuerst nur auf Susi, das war leicht. Sie war ein liebes Mädchen, und mit ihr konnte man sich überhaupt nicht streiten. Heike war anstrengender. Sie war nett und lieb, aber unglaublich lebhaft und eigenwillig. Sie wurde 1940 in einem Haus geboren, in dem mein Großvater einen Monat später starb. Darum wurde sie der Liebling seiner Witwe, unserer Omi. Trotz der schrecklichen Kriegszeiten war Heike immer lustig und vergnügt, und wir hatten viel Spaß mit ihr. Als sie älter wurde, ließ sie sich nicht mehr alles von uns Großen gefallen. Wir waren natürlich manchmal sauer, dass wir immer auf die Kleinen aufpassen mussten und die Verantwortung hatten.

Unsere jüngste Schwester heißt Ilse-Karen und entwickelte sich zu einem unglaublich beliebten Kind. Sie sah außergewöhnlich niedlich aus, mit krausen Locken und war der Liebling der ganzen Familie. Wir hatten nie Schwierigkeiten mit ihr, sie war ein unwahrscheinlich liebenswürdiges Kind. Ich habe das Gefühl, dass alle Wünsche der Mutter, die wir nicht erfüllt hatten, in sie hineininterpretiert wurden. Das war sicher nicht leicht für sie. Wir nannten sie Bibsi und nachher Püttel. Als sie erwachsen war, wollte sie diesen Namen natürlich nicht mehr hören. Sie nennt sich jetzt Karen und geht ihren eigenen Weg.

Mein Mann Klaus und ich waren große Jazzfans, und dadurch bin ich mit den jüngeren Schwestern, die ebenfalls Jazzfans waren, häufig zusammen gewesen. Zu der Zeit war ich eng mit Suse, der mittleren Schwester befreundet. Ich wohnte damals in Süddeutschland, und Suse und ich haben uns viele Briefe geschrieben. Später, als Klaus und ich wieder in Hamburg wohnten, war ich mehr mit Heike befreundet. Sie war als Backfisch sehr an unseren Kindern interessiert. Wir waren mit ihr auch auf der Frankfurter Buchmesse. Heike war ein Temperamentsbündel, da musste man aufpassen, dass die jungen Männer nicht hinter ihr her rasten. Die hätten sie am liebsten gefressen.

Anke und ich waren und sind durch vieles verbunden und sind doch andererseits so verschieden. Anke ist unglaublich gründlich, und ich bin genau das Gegenteil. Aber ich habe natürlich zu ihr ein enges Verhältnis, weil wir die Hälfte des Jahres hier auf Gran Canaria sehr oft zusammenkommen. Im Sommer sehen wir uns nicht häufig; ich wohne auf Föhr und sie in Hamburg. Aber wenn ich in Hamburg bin, frühstücken wir zusammen.

Als ich wegen meinem Knie im Krankenhaus lag, hat sie mich aus der Reha abgeholt. Wir haben in ihrem wunderschönen Wintergarten gescrabblet. Solche Sachen machen uns großen Spaß, auch wenn wir uns jedes Mal über manche

Scrabble-Begriffe streiten. Aber diese Streitereien gehen nie sehr tief. Es gibt kleine Differenzen mit ihr, die haben wir immer gehabt, und die werden wir auch immer haben. Ich finde Anke manchmal etwas eigensinnig in ihrem Beharren auf Dingen, die ich für falsch halte.

Aber sie ist meine Schwester, und bei mir ist es so: Eine Schwester bleibt immer eine Schwester. Eine Freundin kann man aus den Augen verlieren, eine Schwester nie. Wir hatten immer Kontakt; manchmal war der Kontakt enger und manchmal etwas schwächer, zum Beispiel hat sie mit ihrem Mann Heinzel eine mehr konservative Entwicklung genommen, anders als ich.

Ich habe auch heute noch ein sehr gutes Verhältnis zu allen Schwestern. Seit wir älter sind, haben wir keine Streitereien mehr. Suse ist ein ganz besonders friedlicher Typ; ich kann mir gar nicht vorstellen, mit ihr zu streiten. Besonders schön ist es mit meiner jüngsten Schwester Karen. Bis sie das Studium neben ihrer Arbeit als Bibliothekarin angefangen hatte, ist sie sehr oft hier auf Gran Canaria gewesen. Danach hatte sie dazu keine Zeit mehr, aber wir schicken uns Faxe und Gedichte. Als ich mein Bein gebrochen hatte, schickte sie mir eine Postkarte mit zwei Schutzengeln darauf; die habe ich neben meinem Bett stehen. Sie ist eine unglaubliche Person und sehr liebevoll.

Letztes Jahr habe ich eine gemeinsame Reise angeregt, die Heike dann organisiert hat. Ich hatte in alten Papieren meiner Mutter zwei Postkarten aus Panker von unserem Großvater gefunden; auf der einen stand der Gasthof Ole Liese und auf der anderen Radtour 1904. Dabei erinnerte ich mich an eine alte Quittung des Gasthofs. So kam ich auf die Idee, auf den Spuren unseres Großvaters zu wandeln. Ich hatte herausgefunden, dass die Ole Liese immer noch als kleines Hotel existierte.

Heike hat alles organisiert, auch die anderen Schwestern waren total begeistert; nur Karen konnte leider nicht mitkommen. An einem wunderschönen Sommertag fuhren wir zusammen nach Norden. Als wir ankamen, führte uns das Ehepaar Schulz in unsere Zimmer, und wir waren begeistert. Beim abendlichen schönen Essen stellten wir vier Schwestern uns vor, wie unser Großvater vor fast 100 Jahren in diesem Haus übernachtet hatte. Das war ein wunderbares gemeinsames Erlebnis.

Wenn wir heute alle zusammen sind, sind wir immer wieder über Ähnlichkeiten freudig überrascht. Zum Beispiel fuhren wir nach einem gemeinsamen Essen zusammen in einem Auto und fingen plötzlich an zu singen. Den gesamten Heimweg haben wir dann fröhlich mehrstimmig gesungen. Wir waren begeistert, was wir alles noch kannten. Dieses Verbindende bedeutet mir sehr viel. Ich genieße es immer sehr, mit meinen Schwestern zu sprechen; sie verkörpern für mich immerwährende Freundschaft. Wir unterstützen uns, wenn wir Hilfe brauchen. Ich war zum Beispiel in den 1990er-Jahren sehr oft im Krankenhaus. Da standen sie mir immer zur Seite; sie besuchten mich, wir haben am Bett Kuchen gegessen, sie haben Quatsch gemacht und mich aufgeheitert.

Bei Konflikten wurde früher furchtbar gestritten, und dann war die Sache vergessen. Wir haben uns nie etwas übel genommen. Heute haben wir ein ganz entspanntes Verhältnis, und ich bin richtig froh, dass ich sie alle habe. Wir halten zusammen, und ich hänge sehr an ihnen. Ein wenig vermisse ich es, meine Schwestern zu bestimmten Festen wie Weihnachten zu treffen. Aber ich wohne zu weit weg.

Anke Harles

Als zweitälteste von fünf Schwestern war mein Schwesterngefühl immer positiv, schon als Kind, und heute noch mehr, weil wir im Alter näher zusammenrücken. Meine jüngste Schwester ist zehn Jahre jünger als ich, das war, als wir Kinder waren, natürlich ein großer Altersunterschied.

Christa und ich sind nur ein Jahr auseinander; dadurch waren wir aber wohl auch Konkurrentinnen. Wir haben uns erbittert gestritten. Wir wohnten immer in einem Zimmer, und sie war es, die das Licht ausmachte und bestimmte, dass es nicht wieder angemacht wurde, auch wenn ich noch etwas lesen wollte. Sie war erbarmungslos, das Licht wurde ausgemacht und damit basta. So etwas hat mich erbittert.

Von diesem Gefühl habe ich mich erst befreit, als ich mit 17 ausgezogen bin. Heute habe ich das völlig überwunden. Wir treffen uns während des Winters hier auf Gran Canaria fast jeden Tag. Wenn wir in Deutschland sind, ist das natürlich anders, weil sie auf Föhr wohnt und ich in Hamburg. Aber wir rufen uns häufig an, und deswegen bekommen wir viel vom täglichen Leben der anderen mit. Insofern sind wir sehr vertraut miteinander.

Als Kinder haben Christa und ich viel zusammen mit Kindern aus der Nachbarschaft gespielt; wir haben Höhlen im Wald gebaut. Obwohl meine Mutter immer Angst hatte, dass uns etwas passierte, sind wir sehr frei zusammen aufgewachsen.

Ich habe die Kleinen praktisch mit aufgezogen. Wenn so viele Kinder da sind, braucht die Mutter Unterstützung, und ich habe mich für die Kleinen sehr verantwortlich gefühlt. Ich habe sie gebadet und ins Bett gebracht. Von meiner Mutter wurde mir das auch gerne übertragen. Ich erinnere mich, als ich schon in Lübeck in der Ausbildung war und am Wochenende nach Hause kam, dass die Kleinen mir auf der Treppe entgegenflogen; das war immer süß und hat mich sehr gefreut.

Mein Vater hat seine Töchter alle geliebt. Er pries uns an, wenn später junge Männer ins Haus kamen. Er war uns gegenüber unkritisch und hat zur Erziehung wenig beigetragen; die oblag meiner Mutter. Sie war sehr streng.

Vielleicht war sie überfordert; sie stand praktisch alleine da. Von meinem Vater kam überhaupt keine Unterstützung. Als Christa und ich Kirschen geklaut hatten, das war kurz nach dem Krieg, wurden wir erwischt, und als wir nach Hause kamen, wusste meine Mutter schon Bescheid. Wir bekamen eine furchtbare Strafpredigt: Was uns eigentlich einfiele, und dass wir die Familie in Schande brächten und nur warten sollten, bis Papi käme. Abends kam mein Vater nach Hause; wir hatten schon brav das Licht ausgemacht. Er trat in die Tür und sagte: Da bin ich aber sehr traurig. Wir fingen sofort an zu heulen, und dann musste er uns trösten, was er auch sofort tat. Er malte mit seiner Zigarre Muster ins dunkle Zimmer, und damit war alles vergessen. Das war typisch.

Geschlagen haben wir Schwestern uns nicht, aber wir haben erbittert gestritten. In unserer Familie wurden keine bösen Schimpfwörter gebraucht, weil mein Vater sehr empfindlich dagegen war. Deswegen sagten wir, wenn wir die andere beleidigen wollten, ganz andere Sachen. Christa und ich gingen wild im Zimmer herum und standen zum Schluss mit dem Rücken gegeneinander, drehten uns dann noch einmal kurz um und sagten beide wie aus einem Mund: komische Kruke. Dann mussten wir schrecklich lachen, und alles war verpufft.

Ich habe mich zu Hause wohlgefühlt; ich hatte so ein ganz sicheres Gefühl, obwohl ich sah, dass manches nicht stimmte. Aber das wollte ich nicht zur Kenntnis nehmen. Das hätte mich nur in meinem Harmoniebedürfnis gestört. Auch heute möchte ich mit allen in Harmonie leben. Die unterschiedlichen Bereiche werden durch die verschiedenen Schwestern abgedeckt.

Christa redet sehr viel, und es stört mich etwas, wenn sie so insistiert. Aber je älter ich werde, desto weniger wichtig sind mir diese Dinge. Ich muss nicht mehr unbedingt recht haben. Das liebevolle Verhältnis zu meinen Schwestern ist mir wichtiger. Untereinander kritisieren wir uns manchmal schon, aber das bleibt unter uns. Bei Kritik von außen fahren wir die Krallen aus; das ist unter uns Schwestern schon immer so gewesen.

Mit Suse habe ich viele gemeinsame Interessen, das verbindet uns natürlich sehr. Wir haben die Musik, die uns sehr interessiert, dann den Garten, die Botanik und das Kochen natürlich. Kochen verbindet uns alle, wie auch das Wort, die Freude an Gedichten und an witzigen Formulierungen.

Suse war früher sehr still, und was in ihr steckte, kam erst im Laufe der Jahre heraus. Aber auch als sie klein war, hatte ich sie natürlich lieb, weil sie so süß war. Sie hatte Locken und war immer sehr lieb, eine richtige kleine Schwester.

Heike habe ich manchmal bewundert, weil sie sehr selbstbewusst war. Als sie Teenager war, wehrte sie sich gegen die

Beschränkungen von zu Hause. Sie ging bis zum nächsten Busch, zog dort die angeordneten Sachen aus und das an, was sie zum Ausgehen anziehen wollte und schminkte sich. Auch zu ihr habe ich ein sehr gutes Verhältnis. Sie ist unsere Schnelle, immer zack, zack. Das kommt sicher daher, weil sie als berufstätige alleinerziehende Mutter sehr viel zu tun hatte. Sie ist immer kurz entschlossen, und alles muss schnell gehen. Man kann mit ihr aber auch ausführlich diskutieren. Wir haben alle immer viel geredet, eben auch unterschiedliche Meinungen vertreten. Das machen wir heute noch, allerdings sprechen wir nie über sehr persönliche Dinge. Ich habe mich manchmal gefragt, warum das so ist. Vielleicht haben wir Angst, dass wir die Nähe, die wir haben, dadurch verletzen, dass es eine Zone gibt, die man nicht ungestraft betritt.

Ich habe mit Suse schon mehrmals sehr schöne Reisen gemacht, aber auch dann haben wir eine Scheu, über persönliche Dinge zu sprechen. Insbesondere sprechen wir nicht über unsere Männer; das haben wir nie gemacht. Das tut man aus Loyalität den eigenen Partnern gegenüber nicht. Aber wenn der eigene Mann über eine Schwester etwas sagt, gehen wir hoch. Das geht ihn überhaupt nichts an.

Wir hatten einmal ein Fest bei uns zu Hause, und alle meine Schwestern und ihre Männer waren da. Mein Mann Heinz und ich gingen auf die Terrasse und sahen den Leuten von draußen zu. Und ich sagte: Guck mal, die brauchen uns gar nicht, die unterhalten sich so gut, wir könnten genauso gut weggehen, und er meinte daraufhin: Das würde niemandem auffallen, außer deinen Schwestern. Auch andere Leute sagten, wir bräuchten eigentlich niemanden sonst einzuladen, wenn die Schwestern da sind, das wäre genug. Sie hatten gespürt, dass wir eine starke Gemeinschaft haben. Diese Verbundenheit mit den Schwestern empfinde ich als etwas Besonderes.

Karen, die Jüngste, habe ich als kleines Kind immer ins Bett gebracht. Damals im Krieg, während der Angriffe, hatte jede von uns Großen die Aufgabe, eins der Kinder in den Keller zu bringen: Christa Heike und ich Karen.

Und wenn die Sirene angegangen war und ich an ihr Bett kam, streckte sie mir mit ihrer kleinen Decke schon die Ärmchen entgegen. Diese Bewegung habe ich nie vergessen; dieses Vertrauen, das darin lag, fand ich zu schön.

Später hat sie viel mit sich selbst zu tun gehabt, aber wir haben nie die Verbindung verloren. Als Heinzel gestorben ist, wollte ich nicht alleine in dem Haus wohnen und überlegte, was ich machen sollte. Karen hatte mich zu der Zeit nach einer Wohnung gefragt, weil sie aus der Stadt wieder in die Walddörfer ziehen wollte. Und da hatte ich die Idee, in meinem Haus eine zweite Wohnung zu schaffen, und habe sie gefragt, ob das eine Möglichkeit für sie wäre. Wir setzten uns zusammen und überlegten, was jede für sich braucht. Wir haben alles festgelegt und haben dann von Anfang an alle Planungen für den Umbau gemeinsam gemacht.

Wir wohnen jetzt acht Jahre zusammen und haben es noch nicht einen Tag bereut. Wir leben in großer Toleranz miteinander. Wir klopfen an und gehen nie unangemeldet in die Zimmer der anderen. Wir respektieren gegenseitig unsere Privatsphäre. Im Winter bin ich einige Monate auf Gran

Canaria und weiß dann das Haus in guten Händen. Das finde ich sehr praktisch. Dass sie bei diesem Buch nicht mitmacht, finde ich schade, aber ich habe nicht mit ihr darüber gesprochen, weil ich weiß, wenn sie einmal Nein sagt, dann bleibt es dabei.

Am ersten Weihnachtstag haben wir immer großes Familientreffen. Das fand früher immer bei Omi in der Alsterhöhe statt, dann jahrelang bei Karen in Ohlstedt und dann wieder bei Tante Magda in der Alsterhöhe, bis sie es nicht mehr konnte, und seitdem machen wir es bei uns. Deshalb fliege ich Weihnachten immer nach Hause. Ein Weihnachten ohne meine Schwestern und deren Familien, das würde mir ganz komisch vorkommen.

Die Schwestern sind sozusagen der Halt, der unverrückbar ist. Es ist egal, was du anstellst, egal, was noch kommt: Ich habe meine Schwestern. Seit mein Mann nicht mehr lebt, spielen sie die wichtigste Rolle in meinem Leben, nicht speziell eine von ihnen, sondern alle, jede auf ihre Weise.

Suse Röhrs

Innerhalb der Schwesternfolge von uns fünf stehe ich genau in der Mitte. Meine Schwester Anke ist vier Jahre älter, und Heike ist fünf Jahre jünger. Die beiden Ältesten sind nur ein Jahr auseinander, die beiden Jüngeren genauso, dadurch stand ich als Mittlere sehr allein, auch wenn ich mit den Jüngeren zeitweise viel gespielt habe. Wenn die Großen abends länger aufbleiben durften, gehörte ich zu den Kleinen, und wenn man etwas tun musste, wie zum Beispiel die Tiere versorgen, gehörte ich zu den Großen. Ich habe mich benachteiligt gefühlt und fand meine Rolle in der Geschwisterreihe nicht gut.

Einiges in meiner Kindheit war widersprüchlich. Manchmal war es sehr schwierig zwischen unseren Eltern, wovon meine anderen Schwestern, glaube ich, mehr mitbekommen haben als ich. Ich war nicht nur schüchtern, sondern sehr in mir selbst. Ich lebte in meiner eigenen Welt, die aber auch nicht immer so toll war, und sehr wohl habe ich mich nicht gefühlt. Aber die Schwestern gaben mir ein Gefühl der Geborgenheit und Zusammengehörigkeit. Dass ich sie hatte, war ein großes Glück.

Trotz aller Schwierigkeiten, es war ja Nachkriegszeit, haben wir Schwestern zusammengehalten und viel gelacht. Das ist bis heute so; wir können über dieselben Dinge lachen und sind eng miteinander verbunden: durch das gemeinsame Aufwachsen in einer Familie, durch die Schwierigkeiten, die wir zwischen den Eltern spürten und durch die gemeinsamen Erfahrungen.

Das Verhältnis zu meiner Mutter war sehr schwierig. Als ich noch ein Kind war und sie einmal trösten wollte, hat sich mich zurückgewiesen. Sie hat so etwas Ähnliches gesagt wie: Du liebst mich ja gar nicht. Das hat mich sehr gekränkt. Das werde ich nie vergessen, und ich habe nie wieder versucht, nah an sie heranzukommen. Ihre Traurigkeit und ihre Lebensunfähigkeit hat sie uns Schwestern glücklicherweise nicht vererbt. Wir sind alle sehr lebenskräftig. Das hat sicher damit zu tun, dass wir so viele waren und uns gegenseitig unterstützt haben.

Wenn mein Vater mal zu Hause war, war es lustig mit ihm, weil er immer irgendwelche Scherze machte. Wenn wir im Dunkeln im Bett lagen, malte er mit seiner Zigarre Figuren, und wir mussten raten, was es war. Oder wir haben Gläser mit Wasser gefüllt, auf denen er Musik machte. Das fanden wir natürlich toll; damit stand er bei uns hoch im Kurs. Das heißt nicht, dass er ein guter Gesprächspartner war, sondern nur, dass er seine Töchter amüsiert und verwöhnt hat. Aber ich hatte keine nähere Beziehung zu ihm.

Meine Lieblingsschwestern haben gewechselt. Lange Zeit stand ich Christa, meiner ältesten Schwester, nahe. Als sie wegzog, war ich mehr mit meiner jüngeren Schwester Heike zusammen, obwohl wir heftige Auseinandersetzungen hatten. Aber das zeigt ja auch eine gewisse Nähe. Heike habe ich immer beneidet. Sie war strahlend hübsch und völlig anders als ich. Sie konnte mit Menschen gut umgehen und hatte in der Pubertät immer einen Schwarm von jungen Leuten um sich; sie war toll in ihrem Sportverein und machte dies und das. Sie war so, wie ich auch gern gewesen wäre. Ich fand mich gar nicht hübsch und fühlte mich klein und schüchtern. Es war nicht so, dass niemand mich mochte, aber ich fühlte mich unterbewertet, während Heike eher überbewertet war.

Anke, meine zweite Schwester, war die Lieblingstochter meiner Mutter. Das schien auch begründet, weil sie tüchtig war, oft die Kleineren betreut und viel mit ihnen unternommen hat. Sie war eigentlich perfekt.

Karen, die Jüngste, war eindeutig der Liebling meines Vaters, aber das haben wir alle akzeptiert. Die Jüngste war eben die Jüngste. Sie hatte einen besonderen Status in der Familie.

Zu allen Schwestern sind die Beziehungen gut, aber zu den einzelnen unterschiedlich. Mit Heike kann ich gut reden, und wir erzählen uns auch relativ viel. Zu ihr habe ich eine ganz besondere Beziehung. Ein gewisser Neid aus der Jugendzeit schwingt dabei immer noch mit. Auf sie bin ich, im Gegensatz zu meinen anderen Schwestern, sehr schnell böse.

Einmal waren wir alle fünf auf Gran Canaria und wollten einen Ausflug machen. Heike wollte lieber allein zu Hause bleiben. Ich fand das unerhört; das verstand sie überhaupt nicht, und schon gab es eine spürbare Missstimmung. Später haben wir darüber geredet, und ich habe erkannt, dass ich immer noch dieses Gefühl habe, sie nie ganz zu fassen zu kriegen, weil sie so selbstständig und autark ist. Ich möchte sie gern für mich haben, aber das macht sie natürlich nicht mit.

Mein Verhältnis zu ihr hat sich im Laufe der Zeit gewandelt. Meine Gefühle von Neid ihr gegenüber kann ich erkennen und bewerten. Ich bin anders als sie, und das akzeptiere ich inzwischen völlig. Ich bin vielleicht beständiger; andererseits bin ich oft unsicher und lasse mich von ihr leicht beeinflussen. Das war schon immer so, nur heute folge ich ihr gern. Wir sehen uns häufig, weil wir in der Nähe wohnen. Wir sind beide Fußballfans und sehen uns die Spiele im Fernsehen gemeinsam an, oder wir fahren zusammen zum Einkaufen in die Stadt.

Zu Anke, meiner nächsten Schwester, habe ich inzwischen auch ein nahes Verhältnis. Wir sehen uns mehrmals die Woche. Wir lachen über dieselben Sachen, aber mir fällt auf, dass wir nicht über Persönliches sprechen. Da gibt es eine gewisse Scheu zwischen den Schwestern. Anke sieht manche Dinge in der Familie anders als ich, weil sie gern möchte, dass alles gut ist. Wir sind uns in manchem sehr ähnlich; wir haben beide gerne Recht. Sie hat einen Drang zum Perfektionismus, aber sie ist bereit, Fehler einzusehen, obwohl es ihr schwerfällt. Ich weiß, dass sie mir sehr zugetan ist, und das berührt mich natürlich. Sie ist sehr großzügig und tolerant.

Sie denkt für die Familie, und sie denkt über sich nach, was ich bei Christa nicht merke. Für mich hat Anke, im Gegensatz zu Christa, ein viel genaueres Profil. Zu Christa, meiner ältesten Schwester, habe ich ein unbeschwertes, liebevolles Verhältnis. Sie redet viel und gern, und ich weiß, es gibt Leute, die das ein bisschen nervt; ich finde es eher amüsant, als dass es mich stört. Wir sprechen über tausend Sachen, allerdings – über ganz bestimmte Dinge reden wir auch nicht. Christa wohnt auf Föhr und auf Gran Canaria, dadurch sehen wir uns natürlich selten, aber wir telefonieren regelmäßig.

Mit Karen, meiner jüngsten Schwester, kann ich gut diskutieren, aber nur über sachliche Themen. Mit ihr ist das Verhältnis im Laufe der Zeit gewachsen. Sie ist klug, intellektuell und sehr kritisch, eine liebe und interessante Schwester, aber man kommt überhaupt nicht an sie heran. Bei persönlichen Themen ist sie sehr verschlossen. Wenn ich an sie denke, habe ich immer noch das Bild, dass man sie beschützen muss: die kleine sensible Schwester. Sie ist immer sehr beschäftigt, darum sehe ich sie relativ selten.

Wir Schwestern haben noch heute bestimmte Rituale, die uns allen sehr wichtig sind. Wir treffen uns an einem der Weihnachtstage mit allen Schwestern und deren Familien; wir sind dann über 20 oder mehr, und es wird genauso gefeiert wie früher. Zuerst wird Kaffee getrunken, dann wird gesungen, und dann gibt es die Geschenke. Das finden wir alle ganz wunderschön. Wenn wir zusammen singen, haben wir wirklich ein Gemeinschaftsgefühl, ein Zugehörigkeitsgefühl. Wir feiern auch Silvester gemeinsam. Das stammt noch von der Großmutter, die Silvester Geburtstag hatte. Bei ihr gab es Förtchen, die echten Holsteiner mit Korinthen und Äpfeln und Hefeteig, und das ist noch heute so.

Wir treffen uns alle bei mir, dann werden Förtchen gebacken, und um sechs Uhr gibt es draußen ein kleines Kinderfeuerwerk. Auch die jeweiligen Geburtstage sind Familienfeste – mit den Schwestern, den Kindern und den Enkelkindern. Zu besonderen Festen wird gedichtet; wir dichten alle, außer Heike, die sich davon ausnimmt. Und wir finden es sehr schön, dass unsere Kinder das übernommen haben. Außerdem kochen wir alle gerne. Eine Zeit lang haben wir gemeinsame Schwesternessen gemacht; das wollen wir auch wieder aufnehmen. Wir haben immer den Drang, etwas gemeinsam zu machen, alle fünf.

Heike Schwenn

Bei uns zu Hause hieß es immer: die Großen – das waren Christa und Anke – und die Kleinen – das waren Karen und ich; Suse war in der Mitte. Wir Schwestern sind unglaublich verschieden, und wir haben untereinander vertraute und weniger vertraute Verhältnisse. Wir lieben uns alle fünf.

Ich war Tochter Nummer vier. Meine Mutter hatte keine Zeit für mich, es war Krieg, mein Vater hatte eine Geliebte, und mein Großvater starb – alles im selben Haus. Für die Großfamilie muss es eine furchtbare Situation gewesen sein.

In der Schwesterngemeinschaft habe ich mich so gut behaupten können, weil ich meine Großmutter hatte. Sie war meine Lebensrettung, weil sie mich stark gemacht hat. Ich war immer bei ihr. Sobald ich Kummer hatte, bin ich zu Omi runtergelaufen. Bei ihr wurde ich aufgebaut und war dann wieder heiter.

Für Omi war ich bis zu ihrem Tod – da war ich schon Mitte 30 – in jeder Beziehung die tollste Frau; egal was ich tat, egal was ich anhatte, egal wie ich in der Schule war – ich war die Tollste. Ich war ihr absolutes Lieblingsenkelkind. Gleichzeitig war ich in Omis Augen natürlich wunderhübsch; und das hat mir bestimmt auch geholfen, denn ich war keineswegs hübscher als meine Schwestern, aber ich war selbstbewusst.

Und weil ich die vierte Tochterenttäuschung für meine Mutter war, habe ich mich unbewusst in eine Jungenrolle hineinbegeben. Ich war stark, sehr schnell, konnte super Völkerball spielen und war im Turnen die Beste, im Sport überhaupt.

Wir waren ein lauter, chaotischer, sehr emotionaler Haushalt, natürlich auch sehr lebendig; total extensiv und exzessiv, immer mit allem sofort raus, bloß nicht lange überlegen. Ich erinnere mich, dass wir drei Kleinen – in diesem Fall Susi zu den Kleinen gerechnet – uns erbittert gestritten haben, aber nie lange. Ich glaube, wir haben unseren Streit immer schnell wieder vergessen, weil wir so gern zusammenspielen mochten. All die vertrauten Spiele haben uns so miteinander verbunden, dass wir jeden Tagesstreit darüber vergaßen.

Die Konkurrenz war groß in unserer Familie. Es wurde sehr viel Wert auf eine gute Bildung gelegt. Es wurde belächelt, wenn ich zum Beispiel Trotzkopf toll fand. Also habe ich versucht, es zu verbergen und etwa mit 14 vorgetäuscht, Nietzsche zu lesen, um in Konkurrenz zu den Großen zu treten, die natürlich weit überlegen waren. Ich wollte meinem Vater gefallen, weil ich in seinen Augen nicht die Niedlichste war; ich war auch nicht musikalisch und in der Schule ein ziemlich faules Kind.

Mein Vater wurde von uns allen vergöttert. Er war ja auch nur der Vater fürs Freundliche. Er war nie da; wir haben Papi eigentlich nur sonntags erlebt. Dann kam er mittags um eins zum Essen, immer um eins. Wir haben zusammen gegessen und danach, das war allerdings toll, fuhren wir mit ihm zum Konditor Clausen, und dort wurde Kuchen eingekauft. Beim Kuchenessen hörten wir klassische Musik, und anschließend gab es Fußball, HSV. Und dann war Papi wieder weg.

Von seiner anderen Familie habe ich erst mit 13 erfahren. Und das war für mich eines der schrecklichsten Erlebnisse meiner Kindheit. Aber als es offenkundig wurde, bin ich nicht spontan zu meiner Mutter gelaufen und hab nicht gesagt: Sag mir, dass es nicht stimmt, oder stimmt es? Ich habe die Freundin, die es erzählt hat, verprügelt und habe mich eingeschlossen. Jetzt wusste ich, warum Papi Heilig Abend erst so spät kam, warum er keinen Abend zu Hause war. Später konnte ich sowohl mit Susi, als auch mit Karen darüber sprechen.

Das Verhältnis zu meiner Mutter ist eigentlich ein trauriges Kapitel. Ich habe sicher, als ich klein war, viel Zärtlichkeit und Liebe bekommen, denn ich glaube, dass man nicht so viel Liebe weitergeben kann, wie ich es kann, wenn man sie nie selber erfahren hat. Später war meine Mutter ständig überfordert.

Die Zärtlichkeit, die man für eine Mutter empfinden könnte, habe ich nie empfunden, und das ist furchtbar traurig. Als sie wirklich alt und krank war, haben wir zwar für sie gesorgt, ihr etwas gekocht, ihr Blumen gebracht, aber sie in den Arm zu nehmen und sie lieb zu haben, das war mir ganz unmöglich. Und ich wusste, dass ich in dem Moment, wenn sie stirbt, darüber sehr traurig sein würde.

Meine kleinere Schwester Karen, genannt Püttel, die nur eineinhalb Jahre jünger ist als ich, hat in meinem Kleinkinderleben die stärkste Rolle gespielt. Manchmal habe ich sie beneidet, weil sie der absolute Liebling von meinem Vater war. Sie hatte eine wilde Lockenmähne, und sie konnte alles besser als ich. Darum habe ich mich aus der Rolle der Klugen zurückgezogen und habe meine Fähigkeiten anders entwickelt. Ich habe sie vor den frechen Kindern auf der Straße beschützt; ich war die Tüchtige.

Erst sehr viel später hat sich unser vertrautes Verhältnis gewandelt. Wir waren auch noch als junge erwachsene Frauen, beide inzwischen mit Kindern, wie nahe Freundinnen. Ich bin mit meinem damaligen Mann und den beiden kleinen Kindern ganz bewusst in ihre Nachbarschaft gezogen und unsere fünf Töchter, meine zwei und ihre drei, sind zusammen aufgewachsen. Aber dann hat Püttel studiert, einen Job angenommen, hat sich von ihrem Mann getrennt und sich sehr zurückgezogen. Dieses Sich-Zurückziehen ist schleichend passiert, und ich habe es erst wahrgenommen, als es zu spät war, mit ihr darüber zu sprechen.

Ein einziges Mal haben wir uns noch auseinandergesetzt; das war nach dem Tod meiner Mutter. Püttel sagte, dass ich eine große Rolle in ihrem Leben gespielt hätte, aber eine negative. Eigentlich sei ich für sie nur schädlich gewesen. Ich war zunächst sehr traurig, kam dann aber zu dem Schluss, dass es nicht mein Problem ist.

Wenn ich Püttel beschützt habe, wollte ich sie ja nicht bevormunden und die Tolle sein, damit sie die Blöde ist.

Seitdem herrscht große Stille zwischen uns, eine freundliche Stille, aber eine Stille. Manches, was sie in den letzten Jahren gemacht hat, ist mir fremd.

Sie war mir vorher so nah und in jeder Beziehung vertraut, auch wenn wir völlig verschieden waren.

Wenn ich mit 15 den Mond sah und sagte: Guck mal, wie schön der Mond!, dann sagte sie mit ihren 14 Jahren: Was interessiert mich der Mond? Sie war schwermütiger, sicher auch viel nachdenklicher als ich. Dennoch habe ich Püttel lieb.

Susi hat mir, als wir ein wenig älter waren, wunderbare Gedichte beigebracht; sie hat mich gelehrt, Dramen zu zitieren und mit verteilten Rollen zu lesen.

Wir können uns heute immer noch, wie früher, über Sachthemen in die Haare kriegen; nicht mehr so, dass wir sagen: Ich spreche nie wieder mit dir. Wir versuchen, einen gemeinsamen Standpunkt zu finden. Bei politischen Fragen kann man keinen gemeinsamen Standpunkt finden, aber man kann sich gegenseitig respektieren, und das haben wir beide gelernt. Mit Susi teile ich außerdem gemeinsame Interessen: Garten, Kochen und Fußball; wir sind beide große Fußballfans. Von uns Schwestern sehen Susi und ich uns am häufigsten.

Anke und Christa, die beiden Großen, habe ich erst näher kennengelernt, als wir schon erwachsen waren.

Anke hat früher dennoch großen Einfluss auf uns alle genommen. Sie hat mit uns gespielt, hat uns in der Badewanne gewaschen, hat uns ein bisschen Sauberkeit und Ordnung beigebracht, was dringend nötig war. Sie war eine Tüchtige, Flotte – in jeder Beziehung ein Vorbild.

Mit Anki kann ich gar nicht streiten, weil wir eigentlich in fast allen Dingen einer Meinung sind; wir teilen viele gemeinsame Interessen.

Zu Christa habe ich zum ersten Mal überhaupt ein Verhältnis, als sie Kinder bekam. Da war ich 14 und wahnsinnig stolz darauf, Tante zu sein.

Als Christas erste Tochter etwa drei war, lernte ich Buchhändlerin und bin an meinen freien Nachmittagen immer zu ihr gefahren. Sie war 27 und ich 17. Wir sind zusammen zum Jazz gegangen, und wir hatten ein enges Verhältnis zueinander. Manchmal muss ich über sie lachen, weil sie immer so viel erzählt und vom Höckchen aufs Stöckchen kommt.

Was Titas Verhältnis zu uns allen ausmacht, ist, dass sie sich sehr für die Familie interessiert und darin sehr aktiv ist. Neulich ist sie mit uns nach Panker an der Ostsee verreist. Unser Großvater war in seinen Jugendjahren in Panker gewesen, und von dort gab es noch einige Postkarten.

Wir haben im Gasthof Ole Liese übernachtet, wo auch unser Großvater 1911 übernachtet hat. Tita war glücklich und ganz erfüllt davon, dass sie dahin zusammen mit ihren Schwestern fahren konnte.

Wir haben alle dieses starke Bedürfnis, etwas zusammen zu machen.

Die Schwestern waren mir in schwierigen Situationen immer eine Hilfe, immer konstruktiv. Ohne Zweifel war die schwierigste Lebensphase für mich die Trennung von meinem ersten Mann. Da war Püttel die größte Hilfe. Sie hat am Ende einer durchdebattierten Nacht den klassischen Satz gesagt: Was nützt dir das schönste Haus, wenn du darin unglücklich bist.

Die Verbindung mit meinen Schwestern ist die stärkste Bindung, stärker als zu Freundinnen, obwohl es Freundinnen gibt, die mehr von mir wissen als meine Schwestern. Wir treten hundertprozentig füreinander ein; das ist bei uns allen fünf ganz ausgeprägt. Wir können streiten und zanken, aber sobald jemand von außen etwas gegen uns sagt, auch wenn es der eigene Mann ist, kehren wir unsere Stacheln nach außen: Wir sind fünf – bitte keine Angriffe.

Ohne die vier Schwestern ist mein Leben ganz unvorstellbar. Sie haben alle einen sehr großen Anteil an meinem Gefühlsleben.

Und wenn wir uns sehen, ist es völlig vertraut, völlig selbstverständlich. Wir brauchen uns überhaupt keine Mühe zu geben, irgendetwas zu erklären. Wir haben eine ähnliche Denkweise, und wir lachen über dieselben Dinge – alle fünf.

TANJA HAUSNER (L.) UND JESSICA HAUSNER (R.)

Die Hausner-Schwestern

Jessica Hausner

Die ersten Sätze meines Tagebuches handeln alle von meiner Schwester Tanja. Ich begann mit dem Schreiben, als ich etwa sechs war, und ich scheine meine gesamte Kindheit über meine Schwester erlebt zu haben. Es steht alles darin, was sie gemacht hat, zum Beispiel: Heute hat sie sich mit dem gestritten; heute hat die Tanja gesagt, ich sei schier unmöglich.

Wahrscheinlich war sie die wichtigste Person für mich. Tanja hat früh angefangen, mit Verkleidungssachen zu spielen, und ich war sozusagen das Model. Ich wurde mit Schnüren umwickelt und hatte irgendwelche Sachen an. In den meisten Spielen war ich die Erfüllungsgehilfin. Ich erinnere mich, dass sie schnell Wutausbrüche bekam, wenn nicht alles so lief, wie sie wollte. Sie war sehr unberechenbar und explosiv, und ich habe den Gegenpart als Lächelnde, Ausgleichende übernommen.

Für mich war es vollkommen klar, dass Tanja die Ältere ist, aber es gab natürlich viele Streitereien und Machtkämpfe um die Oberhand. Ich war handgreiflich und habe versucht, sie zu hauen und ihr die Haare auszureißen. Xenia, unsere älteste Schwester, hat uns einmal nach Sardinien in den Urlaub mitgenommen und war verzweifelt. Sie hat uns nach Hause gebracht und wollte nie wieder mit uns fahren, weil es so schrecklich war. Für uns war das aber normal.

Es gab auch innerhalb unserer Familie viele Streitereien. Es war immer unklar, wer zu wem hielt. Wir sind eine Ansammlung von Eigenbrötlern. Meine Eltern waren sehr mit ihrer Arbeit beschäftigt und in sich selbst versunken, und Tanja und ich hörten in der Schulzeit auf, uns miteinander zu beschäftigen. Mein Gefühl in der Familie hat viel mit Einsamkeit zu tun; jeder war für sich. Vielleicht hängt es damit zusammen, dass mein Vater viel älter war. Er hatte sein Familienleben wohl schon abgehakt; das hatte er mit der Xenia gehabt. Und ich glaube, dass meine Mutter nach einer gewissen Zeit auch Lust hatte, wieder ihre Arbeit zu machen. Sie war nicht damit ausgefüllt, mit uns Mensch-ärgere-dich-nicht zu spielen.

Nach der Schulzeit zogen Tanja und ich zusammen in eine Wohnung, aber eher, weil wir noch nicht sehr selbstständig waren, und diese mehr automatische Entscheidung war verheerend. Wir hatten offen massive Machtkämpfe. Tanja war zu der Zeit unsicher, was sie in ihrem Leben machen sollte und dadurch sehr angreifbar, und ich bin darauf herumgetrampelt. Ich habe bald nach der Schule mit der Filmakademie angefangen, aber dort war für mich nicht alles eitel Sonnenschein, sondern es war eher frustrierend. Durch das Zusammenwohnen hat sich unser beider Unsicherheit potenziert. Wir haben uns so laut gestritten, dass die Nachbarn die Polizei riefen. Irgendwann haben wir aufgegeben, und Tanja ist wieder nach Mödling zu meinen Eltern gezogen.

Später versuchten wir es noch einmal zusammen, aber auch das war eine Katastrophe. Ich glaube, es war eine Mischung aus Faulheit und Unselbstständigkeit, dass wir, obwohl wir die schlechte Erfahrung gemacht hatten, wieder zusammen eine Wohnung nahmen. So gingen wir uns wieder furchtbar auf die Nerven, und schließlich zog Tanja aus, und ich blieb allein in der Wohnung.

Danach hatten wir eine Phase, in der wir uns selten sahen und in der jede von uns versuchte, vom Elternhaus mehr Abstand zu bekommen. So veränderte sich unser Verhältnis langsam. Diese Verflechtungen und die Vorwürfe, die wir gegen unsere Eltern, aber auch gegeneinander haben, sind nicht mehr so tragisch. Wir haben jede für sich Dinge gefunden, die uns ausfüllen und dadurch besänftigen.

Tanja hat für meine sämtlichen Filme die Kostüme gemacht. Zunächst gab es noch viele Streitereien, aber jetzt bei *Lovely Rita* haben wir das erste Mal wirklich gut zusammengearbeitet. Ich empfinde unsere Zusammenarbeit wirklich als beglückend. Ich kann mit Tanja so sprechen wie mit niemand anderem. Wir merken, dass uns dieselben Erfahrungen geprägt haben. Dadurch haben wir ein klares Einverständnis darüber, was wir lustig finden und dieselben Vorstellungen davon, wie die Kostüme ausschauen sollen. Und dieses Mal haben wir gut zusammengehalten und sind einander nicht gegenseitig in den Rücken gefallen wie früher.

Inzwischen kann ich sagen, dass Tanja meine Freundin und Vertraute ist, vielleicht gerade deswegen, weil wir diese Hürde genommen haben. Ich merke, wie toll es ist, in ihr eine zu haben, mit der ich so viele Erfahrungen teile. Bei aller Unterschiedlichkeit haben wir auch Ähnliches. Wir sind beide manisch fleißig, möchten die Sache weiterbringen, wollen etwas leisten. Wenn das alles bis zum ungesunden Maß überhandnimmt, können wir uns stoppen. Dann ist sie diejenige, die sagt: Na ja, du musst dich ja jetzt nicht kaputtmachen, das ist jetzt nicht so wichtig, – und umgekehrt. Das finde ich sehr wertvoll. Dann wird einem klar, dass man nicht verrückt ist, sondern dass es eine Art Krankheit ist, die jemand anderes auch hat.

Wir können auch besser miteinander umgehen, weil wir herausgefunden haben, wo die Konflikte liegen. Zum Beispiel als ich gerade jetzt hier hereingekommen bin, habe ich genau gespürt, dass wieder das typische Problem zwischen uns herrscht. Tanja regelt die Dinge auf eine Art und Weise, dass sie funktionieren, und ich platze dazwischen und erwarte, dass sich alles umorganisiert, weil ich schnell wieder wegmuss. Das ist ein Klassiker zwischen uns.

Im Prinzip bin ich vorsichtiger geworden und versuche, es besser zu machen, und Tanja ist großzügiger geworden. Für mich war Pünktlichkeit immer ein schwieriges Thema. Ich habe Verabredungen oft einfach nicht ernst genommen, so wie: Es gilt nicht wirklich. Aber inzwischen habe ich festgestellt, dass es mir auch wichtig ist, dass ich mit meinen Mitmenschen zurechtkomme. Letztendlich sehne ich mich nach Geborgenheit. Vorher habe ich so getan, als wäre ich alleine auf der Welt, aber das hat irgendwann nicht mehr funktioniert.

Tanja ist sehr emotional, sie wird von ihren Gefühlen bestimmt und kann explodieren, wenn etwas aus ihr herausbrechen muss. Ich denke, sie sehnt sich auch nach Geborgenheit oder familiärem Zusammenhalt. Sie ist sehr arbeitsam und zuverlässig. Das Verkleiden ist ein wichtiges Spaßmoment in ihrem Leben, das sie sich glücklicherweise zum Beruf gemacht hat.

In Bezug auf Gefühlsausbrüche bin ich kontrollierter. Ich versuche, Probleme zu durchschauen, mir zu erklären und dann rational darauf zu reagieren. Aber ich kann auch langfristig unfreundlich sein; es kommt nicht in einem Schub, wie bei Tanja. Ich bin sicher, dass ich keine Konkurrenzgefühle hätte, wenn Tanja mehr Erfolg mit ihrer Arbeit hätte als ich. Ich würde mich eher mit ihr freuen.

Dennoch haben wir dieses intensive Sich-miteinander-Vergleichen, und es ist wirklich ganz gut, wenn wir jede unser eigenes Leben führen, uns so nahe wie möglich kommen, aber doch eine gewisse Distanz halten. Es ist wie in jeder Freundschaft: Man lässt die Punkte, bei denen man weiß, dass sie heikel sind, aus. Aber Tanja gehört zu meinen intimsten, mir am nächsten stehenden Personen. Das Besondere an unserer Beziehung ist, dass wir in der anderen jemanden haben, den wir von Geburt an kennen. Ich habe mit ihr dadurch eine einzigartige Basis.

Tanja Hausner

Die erste Erinnerung an meine Schwester Jessica hat mit unserer Taufe zu tun. Es war eigentlich unsere gemeinsame Taufe, aber es hat sich trotzdem alles nur um Jessica gedreht. Ich erlebe mich noch, wie ich anfange zu heulen und diese Eifersucht spüre.

Dabei hatte ich sicher nicht das Gefühl, dass sie mir meinen Platz streitig machte, als sie auf die Welt kam, weil ich vorher die Einzige war und sie jetzt die Konkurrentin. Es war so, dass man als Kind in unserer Familie nicht so viel zählte, und insofern war es eigentlich eher eine Verstärkung, zu zweit zu sein.

Gerade jetzt denke ich sehr viel an uns als diese beiden Kinder – an das Traurige und Einengende. Es sind immer die scheußlichen Situationen, die mir in den Kopf kommen.

Wenn wir zum Beispiel etwas Böses gemacht hatten, hieß es: Jetzt geht ihr auf euer Zimmer. Dann saßen wir zwei kleinen Schwestern im Zimmer und beratschlagten, was wir machen sollten. Schließlich trauten wir uns, in das Zimmer der Eltern zu gehen und zusammen Entschuldigung zu sagen.

Die Eltern waren eine Front, und deswegen war es gut, dass wir Schwestern auch unsere Front bieten konnten. Aber letztendlich waren wir auch zu zweit schwach gegen sie.

Ich habe mich immer sehr danach gesehnt, in der Familie einfach akzeptiert zu werden, also nach einer Geborgenheit, in der man ohne Wenn und Aber zueinandersteht. Aber das gab es nicht, sondern man musste sich diese Liebe durch Leistung und Bravsein verdienen.

Mein Vater war autoritär, und meine Mutter machte mit. Sie ist von sich aus nicht autoritär, wollte aber um des lieben Friedens willen keine Konflikte heraufbeschwören. Sie war immer sehr auf meinen Vater fixiert, und alles andere, was sich im Hintergrund und rundherum abspielte, musste irgendwie nebenbei funktionieren.

Im Kleinkindalter hatten Jessica und ich nicht wirklich Konflikte, die man im Dialog austrägt; das waren eher unterschwellige Sachen. Dafür hatte jede ihre Verteidigungs- oder Angriffsmethoden. Jessica hat mich gekniffen oder gebissen, und ich hatte meine Mittel. Phasenweise war es furchtbar mit uns.

Wir waren einmal mit Xenia, unserer älteren Schwester, im Urlaub, und die hat danach gesagt: Nie mehr wieder.

Zu meinem Vater hatte ich einen besseren Bezug und Jessi zur Mutter. Jessica ist oft mit ihr im Wald spazieren gegangen, sie haben über dieses und jenes geredet; das habe ich eigentlich nie.

Nur nachdem der Papi gestorben ist, wollte ich meine Mutter nicht alleine lassen und bin zu ihr nach Mödling gezogen. Wir waren auch zusammen im Urlaub und haben sehr viel über Papi geredet, und wie es mit ihm gewesen ist. Das war das erste Mal zwischen uns, dass wir Gespräche über Gefühle geführt haben. Das hat uns beiden sehr gutgetan.

Von uns Schwestern war Jessica bald diejenige, die die Rolle der älteren übernahm. Vor allen Dingen in der Pubertät rebellierte sie gegen meinen Vater. Ich übernahm diese harmoniesüchtige Rolle meiner Mutter und wollte immer das brave Kind bleiben.

Durch das Rebellieren hat Jessica sich in eine Entwicklung gepuscht, während ich mich im Vergleich zu ihr als sehr zurückgeblieben empfand, und das hat sie mich auch spüren lassen.

Ich wäre noch viele Jahre bei den Eltern als das brave Kind wohnen geblieben, aber Jessica war schon weiter, und vor allem Xenia hat vorgeschlagen, dass wir endlich von zu Hause ausziehen sollten.

Dann wurde für uns zusammen eine Wohnung gesucht. Das Zusammenwohnen war eher schwierig; wir haben es zwar ein paar Jahre später noch einmal probiert, aber es hat wieder nicht geklappt.

Ich hatte immer das Gefühl, dass ich sehr viel Rücksicht nahm und dass Jessica ihren Egoismus stark auslebte.

Ich hätte mir mehr ein Miteinander gewünscht und war ständig in einer Erwartungshaltung, ohne selbst etwas zu tun oder zu sagen. Ich hatte immer das Gefühl, dass sie die Erwachsenere und auch die Coolere ist und ich die Ängstliche bin. Einmal fühlte ich mich so gekränkt, dass ich ein Messer nahm und hinter ihr herrannte; das war ganz wüst.

Das waren Situationen, in denen tiefsitzende Gefühle, Aggressionen ausbrachen.

Aber in den letzten Jahren hat sich das vollkommen geändert. Wir haben erkannt, dass wir uns ähnlich sind, dass wir bei Problemen das gleiche Gefühl spüren. Das ist dann sehr verbindend.

Freunde können nicht so richtig mit meinen Problemen umgehen, weil sie ganz anders empfinden, aber meine Schwester ist mir im Denken sehr ähnlich.

Dann wird mir bewusst: Eine Schwester ist doch viel mehr als eine Freundin, weil man eine lange gemeinsame Geschichte hat. Aber diese Erkenntnis wächst erst jetzt ganz allmählich.

Wir haben öfter an gemeinsamen Projekten gearbeitet. Das hat auch funktioniert, aber dazwischen gab es einen Film, für den ich wenig Zeit hatte. Ich war lustlos und habe die Arbeit nicht ernstgenommen, und so ist es zum Krach gekommen. Als es einen zweiten Teil des Films gab, hat Jessica gleich jemand anderen gefragt. Ich habe mir insgeheim gedacht: Sie wird schon sehen, dass sie in mir die Bessere hat.

Und für *Lovely Rita* hat sie mich dann auch wieder gefragt, und das hat irrsinnig viel Spaß gemacht. Es war riesig schön, zu merken, dass wir die gleiche Wellenlänge haben. Sie brauchte mir nur kurz zu beschreiben, worum es ging und wie es aussehen sollte. Dann hat sie mir freie Hand gelassen.

Ihr Vertrauen zu mir, dass ich es schon so mache, wie sie es sich vorstellt, war sehr angenehm und hat mich beflügelt. Oft muss man erst herauskitzeln, was der Regisseur haben will, wenn man sich noch nicht so gut kennt. Mit Jessica klappte es von vornherein wunderbar.

Jessica erlebe ich als sehr selbstbewusst. Als es jetzt so viele Interviews mit ihr im Fernsehen gab, meinten Freundinnen, dass sie so unsicher wirke, und das hat mich sehr erstaunt. Für mich ist es ein Zeichen von Selbstsicherheit, gewisse Unsicherheiten zuzulassen. Das macht sie sehr menschlich, und wenn ich sie in solchen Interviews sehe, empfinde ich eine liebevolle Wärme für sie.

Zwischen uns funktioniert es immer gut, wenn wir etwas Distanz wahren. Ich bin sicher, dass es wieder nach kürzester

Zeit ein Desaster wäre, wenn wir zusammenwohnen würden. Wir kennen ganz genau unsere Schwachpunkte. Sie wüsste genau, was sie sagen müsste, um mich zu treffen, und ich bin noch nicht so abgebrüht, um mich dagegen zu wehren. Aber das ist uns beiden bewusst, und die andere Seite des Sich-so-gut-Kennens ist ja das Besondere und Schöne der lebenslangen Vertrautheit.

Ans Keizer (v.) und Amelie Keizer (r.)

Die Keizer-Schwestern

Ans Keizer

Meine Eltern waren zum Glück so schlau, mich zu fragen, ob ich mir ein Geschwisterchen wünsche, und gaben mir dadurch das Gefühl, ich bekäme mein Schwesterchen nur, weil ich es mir gewünscht habe. Und als Amelie dann zur Welt kam, war ich stolz wie Oskar.

Ich habe sie – sobald es ging – überall in der Nachbarschaft herumgeschleppt, obwohl ich sie kaum tragen konnte als Vierjährige, und ich bin sofort in die Pflege integriert worden. Ich habe sie gewickelt und ihr Fläschchen gegeben und all solche Dinge. Dieses Gefühl der Verantwortlichkeit ist grundsätzlich geblieben. Ich versuche immer, auf Amelie aufzupassen, für sie mitzudenken, bin besorgt um sie und leide entsetzlich, wenn es ihr nicht gut geht. Manchmal war ich der Meinung, ich wüsste besser, was gut für sie wäre, und sie würde Fehler machen, aber mittlerweile habe ich gelernt, sie loszulassen und sie als eigenständigen Menschen zu respektieren. Ich weiß, dass sie so, wie sie ihren Weg geht, ganz großartig und authentisch ist, und dafür bewundere ich sie sehr.

Sie war früher jahrelang auf mich fixiert und hat sich immer nach dem gerichtet, was ich gemacht habe. Es hat mich manchmal entsetzlich genervt, dass ich sie überall mit hinnehmen musste. Ich wollte gerne mit meiner Freundin Spaziergänge machen, die Erwachsene sein und mich über Männer oder solche Themen unterhalten, die wir gerade wichtig fanden, und nicht immer meine kleine Schwester mitnehmen.

Als meine Mutter uns verlassen hat, bin ich zwangsläufig in ihre Rolle geschlüpft, Wäsche waschen, kochen, Tränen trocknen, saubermachen, und was so alles dazugehörte. In dieser Lebensphase hatte ich ein bisschen die Führungsrolle übernommen, wenn man das mit 15 überhaupt kann. Ich hatte einen Vater, der am Boden zerstört war, dessen gesamte Lebensträume innerhalb von wenigen Wochen zerplatzten, und der total haltlos war, fast zehn Jahre lang.

Am Anfang war es natürlich besonders schlimm. Ich habe versucht, so gut wie möglich für meine Schwester da zu sein, aber im Grunde hat mein Vater so viel Kraft von mir gebraucht, die ich als Schülerin ja eigentlich noch gar nicht zu verschenken hatte, dass meine Schwester sicherlich nur so mitgelaufen ist, und die Aufmerksamkeit, die sie gebraucht hätte, den Frieden und den Halt konnte sie nicht mehr kriegen. Als sie elf war, ist ihre Familie im Grunde zerplatzt.

Amelie hatte immer eine engere Bindung zu meiner Mutter, und als meine Mutter plötzlich weg war, hat sie sich in der ersten Zeit noch mehr an mich gehängt. Meine Eltern wollten beide das Sorgerecht, aber meine Mutter war ja diejenige, die gegangen war. Daher war für mich schnell klar, dass ich bei meinem Vater leben wollte, und meine Schwester tat es mir, wie so häufig, gleich.

Eine Trennung war für uns undenkbar. Sie muss meine Mutter sehr vermisst haben. Ich bin nach ein, zwei Jahren von zu Hause ausgezogen, weil mein Vater mit seiner Freundin zusammenlebte, mit der ich überhaupt nicht klarkam. Zuerst richtete sich deren Missmut gegen mich als Ältere, und als ich ausgezogen war, landete die ganze Wut und Eifersucht auf meiner Schwester. Ich denke, dass Amelie in der Zeit sehr vernachlässigt wurde und sehr einsam gewesen sein muss.

Mein Vater hatte zwei neue kleine Kinder, seinen Beruf und den Dauerärger mit dieser Frau; da ist Amelie wohl ganz maßgeblich zu kurzgekommen.

Ich habe das zu der Zeit gar nicht realisiert. Ich habe Abi gemacht und hatte meinen Freund in Hamburg und habe nicht weiter darüber nachgedacht, was mit meiner Schwester war. Später hat sie zu mir gesagt: Du bist dann ja abgehauen und warst nicht da. Im Nachhinein tut es mir schrecklich leid, aber ich war ja auch noch sehr jung; ich hätte meine Schwester wohl kaum mitnehmen können. Ich fühle mich ein bisschen dafür verantwortlich, dass sie so alleine geblieben ist. Obwohl ja eigentlich die Eltern für so etwas verantwortlich sind.

Auf meine Mutter hatte ich damals eine riesengroße Wut im Bauch und war zutiefst enttäuscht. Sie kam mir auf einmal so fremd vor, der Mensch, der auszog, war ganz anders als die Mutter, die ich vorher kennengelernt hatte. Insofern war es für mich eher so, als wäre meine Mutter zu dem Zeitpunkt, als sie ihre Selbstständigkeit entdeckt hatte, gestorben. Sie hatte auf einmal ein völlig anderes Gesicht. Ich hatte sie immer nur mit Kinderaugen gesehen und hatte überhaupt kein Verständnis dafür, dass sie sich plötzlich so abschottete.

Es hat viele Jahre gedauert, bis ich gelernt habe, dass Erwachsene auch nur Menschen sind, die ihre Fehler machen und ihre Gründe haben. Nach einigen Jahren ohne Kontakt habe ich meine Mutter wieder besucht. Meine Schwester hätte es sicher nötiger gehabt, sie ist ihr viel ähnlicher, aber ich war die Größere und hatte einen Freund mit Auto, der mit mir an die Nordsee fahren konnte, wo sie wohnt. Seitdem haben wir wieder Kontakt mit ihr.

Die Loslösephase zwischen Amelie und mir kam, als Amelie etwa 15 war, und hat bis vor Kurzem angedauert. In den letzten zwei bis drei Jahren sind wir wieder mehr aufeinander zugegangen. Die Jahre vorher waren eher davon geprägt, dass meine Schwester ihren Weg gesucht hat.

Amelie und ich lieben uns heute sehr. Wir sind immer besorgt umeinander und interessiert an der anderen. Allerdings bin ich oft sehr hilflos, weil wir so unterschiedlich sind.

Ich kann häufig gar nicht nachvollziehen, was sie gerade macht und auch nicht verstehen, wieso sie das so macht. Natürlich kennen wir uns gut und haben viel miteinander durchgemacht, aber es gibt eben einen gewissen Punkt, da muss man wesensgleich sein, um sich noch nachvollziehen zu können, und den haben wir nicht.

Ich habe gelernt, zu akzeptieren, dass sie ganz anders ist, und weil wir uns sehr mögen, haben wir ein sehr schönes Verhältnis.

Vor zwei Monaten ist mein Vater gestorben, und ich habe den Hof übernommen. Amelie lehnt den Hof ab. Sie hat so schlechte Erinnerungen an diese drei, vier Jahre, dass sie es nie lange dort aushält.

Früher war zu Hause in der Ehe meiner Eltern 18 Jahre lang Sonnenschein, und es gab selten Streit. Die Atmosphäre war fröhlich und liebend. Unangenehme Dinge wurden lieber unter den Teppich gekehrt, was dann sicher auch am Ende die Ehe gesprengt hat. Entweder haben wir uns zurückgezogen und sind dann wieder irgendwann auf die andere zugegangen, oder es wurde heruntergeschluckt; wirklich konfliktbereit waren wir alle nicht.

Auch heute schweigen wir Konflikte lieber tot. Ab und zu platzt es dann aus einer von uns heraus, sei es mit Wut, Trauer oder Vorwürfen. Es fällt uns schwer, uns an einen runden Tisch zu setzen und zu sagen: Ich fühl das so, wie siehst du es? Jetzt, wo es um existenzielle Fragen geht, setzen wir uns natürlich zusammen und bereden alles.

Wenn ich Schwierigkeiten habe, gerade was Beziehungen angeht, können wir sehr gut reden. Ich fühle mich im Gespräch sehr gut aufgehoben bei ihr. Sie hat einen anderen Blickwinkel, und das hilft dann immer sehr. Ich bin ein emotionaler, harmoniebedürftiger Typ. Meine Schwester ist viel eigener und konsequenter auf sich selbst und auf ihre Bedürfnisse fixiert. Da bilden wir sicherlich einen Gegensatz, aber das finde ich auch sehr schön. Das ist vielleicht genau das, was mir fehlt, wenn ich wieder aufgehe in dem, was alle von mir wollen und was ich denke, überall leisten zu müssen. Dann ist sie diejenige, die mir zeigt, wo die Grenzen sind und wo ich sie mir stecken kann. Sie schockiert mich manchmal mit ihrem Egoismus, aber häufig leuchtet mir später ein, wie Recht sie eigentlich hat.

An meinem Alltag nimmt Amelie nicht teil, und sie tut sich auch schwer damit, mich bei alltäglichen Kleinigkeiten zu unterstützen, aber wenn entscheidende Punkte anstehen, Trennung in einer Beziehung oder jetzt der Tod meines Vaters, sitzen wir zusammen und beratschlagen. Dazu gehört dann auch meine Mutter; wir sitzen häufig zu dritt zusammen.

Amelie Keizer

Ans war, so lange ich denken kann, immer die große Schwester, die für mich da war. Als Kind habe ich mit ihr die meiste Zeit verbracht. Wir hatten ein richtig enges Schwesternverhältnis, und gestritten haben wir uns nur selten. Ich bin ihr immer hinterhergelaufen, sie hat mich an die Hand genommen und mir die Welt gezeigt.

Konkurrenz gab es zwischen uns nicht, dazu war der Altersunterschied von viereinhalb Jahren zu groß. Ich glaube, sie hat Papa und Mama einen großen Teil meiner Erziehung abgenommen und viel Verantwortung übernommen. Sie plante eifrig meine Geburtstage mit und machte mir jedes Jahr eine tolle Überraschung. Es war eine sehr schöne Zeit.

Trotzdem sind wir sehr unterschiedlich. Ans studiert Jura, etwas ganz Sachliches, und ich Design. Papa und Ans waren sich sehr ähnlich; er war Mathematiker und, genau wie Ans, als Sternzeichen Stier. Sie sind beide Verstandesmenschen, die ihre Meinung durchkämpfen. Mama und ich sind eher künstlerisch veranlagt. Dadurch hat sich das Verhältnis zu den Eltern von alleine aufgeteilt.

Ich hatte schon immer mehr Bezug zu meiner Mutter und Ans eher zum Vater. Ich war früher eher das Mädchen und Ans der Junge, den sich Papa vielleicht gewünscht hatte. Ich trug immer schicke Kleider und habe mich zwei-, dreimal am Tag umgezogen. Papa hat diese Leidenschaft eher belächelt. Ans hatte eher handwerkliche Interessen. Sie hat mit Papa zusammen im Garten Sachen gebastelt und Figuren aus Holz geformt. Sie war immer schon der Typ, der alles anpackt und auch Risiken eingeht, wie jetzt zum Beispiel einen Kredit aufzunehmen und das Haus noch weiter auszubauen. Für mich wäre das nichts; ich bleibe lieber auf der sicheren Seite.

Ich bin oft mit der Art, wie Papa kommunizierte, nicht zurechtgekommen und ich glaube, dass Ans Probleme mit Mamas Art hatte. Mama ist nicht die typische Mutter, sondern zuerst eine gute Freundin und dann Mutter. Sie ist in vielen Dingen sehr eigenständig und ist gerne mal für sich alleine. Ich kann das gut nachvollziehen, weil ich ähnlich bin, aber Ans kommt mit dieser Art nicht gut zurecht. Sie selbst ist mit Herz und Seele dabei, sich um ihre Mitmenschen zu kümmern, und erwartet das Gleiche auch von anderen, besonders von ihrer Mutter.

Als Mama meinen Vater verließ, war ich elf Jahre alt. Die Trennung spielte sich innerhalb von einer Woche ab. Davor gab es bestimmt viel, was in Mama vorgegangen war, aber davon wusste ich damals nichts; dafür war ich zu klein. Ich kann sie heute gut verstehen und kann mir vorstellen, dass ich ähnlich gehandelt hätte. Damals sahen wir nur, dass Mama uns verlassen hatte. Daraufhin hatten wir fast zwei Jahre keinen Kontakt zu ihr. Es muss eine schlimme Zeit für sie gewesen sein.

Als meine Eltern geschieden wurden, wurden wir gefragt, mit wem wir leben wollten. Mir war es nur wichtig, mit Ans zusammenzubleiben und mein Pony zu behalten. Hätte ich nicht diese enge Bindung zu meiner Schwester gehabt, hätte ich mich wohl eher für meine Mutter entschieden. Aber es war das Beste, dass wir Schwestern zusammenblieben.

Dann wurde es zu Hause sehr schwierig; mein Vater lernte Gudrun kennen, eine Frau mit drei kleinen Kindern, die kurze Zeit später alle zu uns zogen. Unser Haus wurde zu klein. Wir kauften in Hohnstorf einen großen Bauernhof und zogen alle dorthin. Dann waren wir Vater, fünf Kinder und die Stiefmutter – das war nicht die schönste Zeit.

Gudrun war von Anfang an eifersüchtig auf Ans, weil Ans meinem Vater so nahestand, und sie die Nummer eins bei Papa blieb. So gab es bald Streit. Darum zog Ans gleich mit 18 aus. Ich lebte mein eigenes Leben und wurde dadurch sehr schnell selbstständig. Deshalb war ich dann in der Lage, schon mit 15 auszuziehen. Zum Glück hatte ich wieder Kontakt mit Mama, und sie ermöglichte mir, eine kleine Wohnung zu suchen, damit ich in Ruhe meine Schule weitermachen konnte.

Der Kontakt zu Ans war irgendwann nicht mehr so intensiv, weil sie nach Hamburg gezogen war und natürlich auch andere Interessen hatte. Ich war noch ein Kind und sie schon fast eine Frau. Ich war ihr deswegen nicht böse, auch wenn wir nicht mehr dieses innige Zusammensein hatten. Aber dennoch hatten wir uns immer noch wahnsinnig gerne. Die gemeinsame Kindheit hat uns sehr verbunden.

Kleine Konflikte kamen erst später, weil wir so sehr verschieden sind. Oft hat man eine andere Meinung, geht ein bisschen auf Distanz, fühlt sich ein wenig grummelig und denkt: Warum versteht sie das nicht! Aber man akzeptiert, dass die andere ihre eigene Meinung hat. Ich würde eher einen Streit mit ihr vermeiden, als mich unbedingt durchzusetzen. Das möchte ich nicht mit meiner Schwester, dafür ist mir unsere Nähe zu kostbar. Ans ist mir sehr wichtig. Und ich weiß, dass sie alles tun würde, um mir zu helfen, wenn es mir schlecht ginge.

Eine Zeit ganz ohne Kontakt mit ihr hat es nie gegeben. Wir sehen uns nur nicht mehr so viel, weil sie mit ihrem Studium, dem Haus in Hohnstorf und ihrem Freund superwenig Zeit hat, und bei mir ist es ähnlich. Durch Papas Tod haben wir jetzt natürlich häufiger zusammengesessen, weil wir viele Entscheidungen treffen müssen und in so einer Zeit wieder näher zusammenrücken.

Zwischen Ans und mir hat sich im Laufe der Zeit viel gewandelt. Als Kinder haben wir zusammen in einer intakten Familie gelebt, und Ans war die große Schwester, die mir geholfen hat, eine schöne Jugend zu haben. Durch das Älterwerden und unsere unterschiedliche Entwicklung, dadurch, dass jede ihren eigenen Weg gegangen ist, sind wir beide eigenständige Frauen geworden.

Wenn wir heute zusammenwohnen würden, würden wir uns ständig aneinander reiben, schon wegen Kleinigkeiten. Ich bin zum Beispiel ein ordentlicher Mensch – sie lässt gern alles liegen, das ist so ihre Art. Ich würde durchdrehen, wenn ich nach Hause käme, und schon wieder irgendwelche Töpfe und Pfannen herumstehen würden.

Ans und ich wissen mittlerweile, wie wir miteinander umzugehen haben. Wenn wir unterschiedlicher Meinung sind, stoßen wir kurz ein bisschen aneinander, und dann merke ich bald, dass wir nicht weiterkommen. Ans redet so lange, bis man wirklich ihre Meinung angenommen hat. Um dem aus dem Weg zu gehen, vermeidet man die Diskussion lieber ganz, weil es anstrengend ist. Dennoch empfinde ich Ans als meine Freundin.

Wir sind beide starke Sternzeichen; ich bin Skorpion und sie Stier. Das sind beides Kämpfernaturen, und man sagt, die Sternzeichen, die sich genau gegenüberliegen, vertragen sich entweder richtig gut oder gar nicht. Und so ist es bei uns auch, entweder verstehen wir uns richtig gut, oder es geht gar nicht. Dann fliegen wir gleich wieder auseinander, weil wir beide wissen, heute ist es das Beste, gar nichts mehr zu sagen.

Angela Köngeter (l.) und Sybille Köngeter (r.)

Die Köngeter-Schwestern

Sybille Köngeter

Wir hatten früher einen reinen Frauenhaushalt: Schwester, Mutter, Großmutter, Urgroßmutter, Tante und Hausmädchen; aber wir haben selten alle zusammen am Tisch gesessen. Großmutter, Urgroßmutter und Hausmädchen haben immer zuerst gegessen; dann kamen Angela und ich aus der Schule und haben gegessen, und abends kamen, Mutter und Tante nach Hause, und dann haben sie gegessen. Angela war drei Jahre jünger als ich; an vieles kann ich mich gar nicht mehr erinnern. Als Kinder lebten wir absolut unterschiedlich, und wir hatten jede unseren eigenen Freundeskreis.

Ich habe Angela sicherlich gemocht, sonst würde ich wohl heute nicht mehr mit ihr zusammenleben, aber es war nichts Aufregendes dabei. Wir waren so viele Leute auf dem Hof: Es gab viele Flüchtlinge, und es waren auch noch mehr Kinder da.

Meine Schwester hatte eher zu unserer Tante Kontakt und ich mehr zur Urgroßmutter, die tagsüber meine Bezugsperson war. Sie hatte die meiste Zeit für mich. Meine Großmutter machte mit dem Mädchen den Haushalt; früher war ja das Putzen immer eine Aktion, da pfuschte man nicht herum, sondern es wurde gründlich geputzt. Meine Mutter hat gearbeitet und ist erst spät abends nach Hause gekommen; die haben wir also relativ wenig gesehen.

Als ich mit der Schule fertig war, bin ich ein paar Jahre im Ausland gewesen, in England und in der Schweiz, und dann bin ich wieder nach Hause gekommen und seitdem zu Hause geblieben.

Meine Schwester ist dann irgendwann von ihrer Schule aus Selsingen auch hierhergekommen, hat sich hier in der Gegend eine Arbeitsstelle gesucht und seitdem wohnen wir hier zusammen. Wir verstehen uns gut, vielleicht, weil wir so unterschiedlich sind und uns in unserer Unterschiedlichkeit auch tolerieren.

Jede von uns hat ihren Arbeitsbereich, die eine ist mehr im Haus tätig und die andere im Garten. Angela arbeitet im Haus, sie kocht und wäscht, und ich bügele und mach meinen Garten, oder wenn es etwas zu basteln oder Knöpfe anzunähen gibt. Aber das Kochen mag ich überhaupt nicht, dabei übernehme ich nur die Drecksarbeit: Kartoffeln schälen, oder Gemüse putzen. Ich fasse nicht gern etwas Heißes an und esse auch nicht gern Heißes.

Die Reisen machen wir gemeinsam, im Alltag natürlich auch das eine oder andere zusammen, aber sonst geht jede ihrer Wege. Wirkliche Konflikte haben wir nicht. Wenn etwas ist, schreien wir uns einmal kurz an, und dann war es das. Aber wir streiten uns selten, weder um Geld noch um sonst etwas. Wir haben gemeinsame Konten, und jede hat zusätzlich ihr eigenes Konto für Daueraufträge.

Wenn ich nach Hause komme, sitzt Angela meistens in ihrem Arbeitszimmer und macht ihren Schulkrempel. Es ist ein gutes Gefühl, wenn ich weiß, dass jemand im Haus ist. Am Abend essen wir gemeinsam.

Angela ist meine Schwester; sie ist mehr als eine Freundin. Einer Freundin würde ich nie alles erzählen. Ich halte nicht viel von intimer Freundschaft. Ich habe zwar eine ganze Menge Freundinnen, mit denen würde ich aber übers Wetter reden oder über sonst etwas, aber nicht darüber, was mich persönlich bedrückt – das allerdings auch kaum mit meiner Schwester.

Ich glaube, wir leben besser zusammen als ein Ehepaar, weil wir überhaupt nicht voneinander abhängig sind. Für mich ist das ideal. Ich würde aber auch alleine hier wohnen, das würde mir nichts ausmachen. Ich habe es ganz gern, dass jemand da ist, aber ich bin auch froh, wenn sie dienstags und montags nicht da ist, denn dann kann ich selbst bestimmen, was ich im Fernsehen sehen will; sonst entscheidet sie das meistens.

Vor dem Altwerden fürchte ich mich. Ich habe eigentlich Angst, Alzheimer oder so etwas zu bekommen und dass ich meiner Schwester dann zur Last falle. Ich kann nur hoffen, dass sie mich dann in ein Heim steckt, damit sie ihre Ruhe hat.

Sie überlegt, ob sie sich nächstes Jahr, wenn ich in Rente gehe, beurlauben lässt; sie kann sich noch nicht pensionieren lassen und würde dann in dieser Zeit keinen Pfennig bekommen. Ich müsste sie dann »durchfüttern«, wie sie sagt. Ich unterstütze es, dass sie aufhören will, dann könnten wir noch mehr zusammen reisen.

Die Freunde, die wir früher getrennt hatten, haben wir heute gemeinsam; also meine Freunde sind auch die Freunde meiner Schwester und umgekehrt. Wir haben Freunde in München, Österreich, England, Paris, in der Schweiz, auch in Florida, und die besuchen wir natürlich gemeinsam. Aus meiner Schulzeit habe ich noch einen eigenen Freundeskreis, wir treffen uns hin und wieder. Und meine Schwester hat auch einen eigenen Freundeskreis, ihr Semestertreffen, da bin ich dann auch nicht dabei, es sei denn, wir feiern alle gemeinsam hier zu Hause. Es gibt also drei Grüppchen, jede hat ihr persönliches, und dann haben wir noch gemeinsame Freunde.

Ich habe ein liebevolles Verhältnis zu meiner Schwester, aber das ist etwas so Selbstverständliches, darüber braucht man nicht lange zu reden. Das ist einfach so.

Angela Köngeter

Wir waren im gesamten Haushalt nur Frauen: Mutter, Großmutter, Urgroßmutter, eine Tante, die ausgebombt war, ein Hausmädchen, meine drei Jahre ältere Schwester und ich als Jüngste. Mein Vater war ab 1944 vermisst; er hat mich also gar nicht mehr gekannt.

Die Ehe meiner Eltern war eine typische Kriegsehe. Meine Mutter hatte noch keinen eigenen Hausstand, und darum sind wir hier auf dem Rittergut gemeinsam in einer Mietwohnung geblieben. Ich war immer die Jüngste.

Die Urgroßmutter hat meine Schwester vorgezogen; mit mir als Kleiner konnte sie nicht mehr viel anfangen. Sie war 80, als ich geboren wurde.

Zwischen meiner Schwester und mir waren drei Jahre Unterschied. Sie ist hier in Rössing zur Grundschule gegangen, und als ich dazukam, ist sie bereits nach Hildesheim gegangen.

Wir sind also kaum zusammen in einer Schule gewesen, darum hatte sie auch andere Freundinnen als ich. Dann ging sie in Hildesheim zum Gymnasium, dort sind wir noch ein Jahr zusammen gewesen, aber dann meinte sie, sie müsste die Schule wechseln und ist nach Hannover aufs Gymnasium gegangen.

Obwohl wir in einem Zimmer schliefen, hatten wir wenig Berührungspunkte. In dem Alter machen drei Jahre viel aus. Damals meinte sie, das Sagen haben zu müssen, und ich habe gekuscht. Die Mutter war im Grunde nie da. Solange ich mich erinnern kann, hat sie gearbeitet.

Aber wir hatten ja unsere Großmutter; sie hat uns erzogen. Ein Schwesterngefühl kam erst sehr spät. Als Kind kannte ich das Gefühl, dass ich eine Schwester habe, gar nicht. Inzwischen sind wir sehr aufeinander eingespielt, aber damals hatte sie ihre Freundinnen und ich meine. Jeder ging seinen Weg; wir kamen zwar zusammen nach Hause, aber das war eigentlich schon alles.

Ich kann nicht sagen, dass ich für sie durchs Feuer gegangen wäre; dazu hat sie mich zu viel drangsaliert.

Ich habe nach dem Abitur die ersten zwei Semester noch zu Hause gewohnt und in Hannover studiert. Dann bin ich dort ins Studentenheim gezogen, allerdings bin ich jedes Wochenende zu Hause gewesen. Auch als ich danach in Selsingen im Schuldienst war, bin ich an den Wochenenden immer nach Hause gefahren.

Nach dem Tod meiner Großmutter lebte meine Schwester alleine mit meiner Mutter, und 1974 bin ich dann auch wieder nach Hause gezogen.

Erst seit dieser Zeit wurde das Verhältnis zu meiner Schwester enger. Zuerst war es sicherlich eine Zweckgemeinschaft, und jetzt gehört uns alles gemeinsam; jede gibt für die andere und tut alles für sie.

Natürlich gibt es auch mal Krach; Konflikte werden lautstark ausgetragen – wir fressen nichts in uns hinein. Wir schnauzen uns nach Strich und Faden an, aber hinterher ist es wieder vergessen.

Heute gibt es das Verhältnis Ältere-Jüngere gar nicht mehr. Das hat sich gewandelt, als ich selbstbewusster wurde. Sybille ist auch viel ruhiger geworden. Eigentlich könnte ich den ganzen Tag bestimmen, jetzt machen wir dies, jetzt machen wir das – und sie würde es tun.

Als unsere Mutter aufgrund einer altersbedingten starken Verkalkung krank wurde, war es gut und richtig, dass wir gemeinsam hier waren. Eine alleine wäre vor die Hunde gegangen. So konnten wir miteinander reden, und die Mutter konnte dabeisitzen; sie brauchte ja eigentlich nur Tuchfühlung. Sie strahlte und war zufrieden, wenn wir bei ihr waren.

Das Leben mit meiner Schwester kann man Schicksalsgemeinschaft nennen. Freunde kann man sich aussuchen – Verwandtschaft muss man hinnehmen, insofern verstehe ich unter einer Freundin noch etwas anderes. Das ganz Persönliche erzähle ich sowieso niemandem.

Unser Alltag spielt sich so ab: Meistens stehe ich morgens als Erste auf und mache den Tee, weil ich ja schon um halb acht in der Schule sein muss. Dann wecke ich sie nebenbei. In der Winterzeit presst sie für uns frischen Orangensaft aus. Wir frühstücken im Stehen in der Küche.

Jede geht, wenn sie fertig ist, und diejenige, die als Letzte fährt, macht das Tor zu. Mittags komme ich nach Hause und räume alles, was am Abend vorher liegen geblieben ist, zusammen. Wenn sie abends nach Hause kommt, gibt es Tee und manchmal auch ein Stück Kuchen. Dann erzählen wir uns, was gelaufen ist.

Jede hat ihre Aufgaben, ich bin für die Küche und die Wäsche zuständig, sie für den Garten. Wir haben verteilte Rollen. Sie macht alles Schriftliche, Steuersachen und Hausdinge. Alles, was im Ort zu tun ist – zum Markt gehen, Lebensmittel einkaufen –, das mache ich.

Eine zärtliche Familie waren wir nie. Wenn wir von einer langen Reise wiederkommen, nehmen wir uns vielleicht mal in den Arm, oder wir geben uns zum Geburtstag notgedrungen das Geburtstagsküsschen, aber dafür ist gar kein Bedarf vorhanden.

Unser Zusammenleben hat sicher etwas mit Geborgenheit zu tun; man weiß, wo man hingehört, und man ist nicht ganz alleine. Es ist jemand da, der einem zuhört. Wir hocken aber nicht ständig zusammen.

Die eine steht für die andere ein, die eine sorgt für die andere. Wir vermissen uns sicherlich auch, wenn die andere nicht da ist, aber andererseits können wir eine gewisse Zeit auch gut alleine sein.

Unser Zusammenleben hat sich einfach so ergeben, keine von uns hat beschlossen, ein Leben lang zusammenzubleiben. Wir haben gemeinsame Freunde, aber auch eigene. Wenn die eine eingeladen ist, ist die andere auch ganz glücklich, wenn sie einmal nicht mit muss und umgekehrt. Aber wir sind gerne zusammen, wir fahren ja auch zusammen in Urlaub.

Wir machen beide gerne große Reisen. Inzwischen haben wir die Welt gesehen. Von 1967 an haben wir beinahe kontinuierlich Amerika bereist und finden das ganz toll. Unsere erste Tour ging von New York über Miami nach San Francisco und wieder zurück, in sechs Wochen, das war eine Mammut-Tour; beim zweiten Mal, das war dann 1971/1972, sind wir den Alaska-Highway nach Norden gefahren.

Dann hatten wir die großen Runden satt und haben uns Schwerpunkte gesetzt: mal nur Florida, New England, den mittleren Westen, Hawaii, mal nur den Osten, mal die großen Seenplatten und mal Kanada.

Wir waren aber auch in Australien, in Südamerika, China, Russland, Hongkong, Thailand, Singapur, Vietnam und Neuseeland, außerdem in Namibia, Tansania, Südafrika, auf Mauritius, den Malediven und noch in einigen anderen Ländern. Viele Länder haben wir mehrmals besucht, in Europa sowieso. Alle diese großen Reisen haben wir gemeinsam gemacht.

Sybille spricht fließend Englisch, und das ist unterwegs eine große Hilfe. Neid kennen wir nicht. Sybille verdiente damals früher Geld als ich und hat es gleich wieder geteilt. Von ihrem ersten Geld kaufte sie mir ein kleines Transistorradio. Da wusste ich gar nicht, wie mir geschah.

Heute schenken wir uns nicht mal zu Weihnachten etwas, weil wir alles haben. Wir schaffen alles gemeinsam an, einschließlich unserer Immobilien. Und wir machen auch gerne Lustkäufe. Sybille geht alleine überhaupt nicht einkaufen, das machen wir, wie ein altes Ehepaar, gemeinsam.

Dann berät eine die andere: Das würde ich nicht kaufen, nein, das sieht nicht gut aus. Und Sybille guckt auch immer, ob die Nähte alle ganz gerade sind, weil sie sonst mit dem Bügeln Schwierigkeiten hat; das alles passiert in Übereinstimmung.

Männer haben in unserem Leben kaum noch Platz. Wir sind im Grunde zu alt, um nachzugeben – so ein Mann müsste erst gebacken werden. Wir leben schon so lange zusammen, dass wir vieles gemeinsam denken. Wenn sie etwas ausspricht, habe ich es gerade vorher auch gedacht.

Wir haben die Vorstellung, dass wir gemeinsam alt werden und uns gegenseitig helfen. Sie ist 60, ich bin 57. Wir denken bei allem, was wir für das Haus machen: Warum machen wir es nicht gleich, warum sollen wir noch zehn Jahre warten, dann können wir es ja gar nicht mehr abwohnen.

Darum geben wir das Geld jetzt aus, solange wir fit sind.

Nächstes Jahr geht sie in Rente. Ich müsste noch bis zum 63. Lebensjahr unterrichten, aber ich höre nächstes Jahr auch auf, und dann genießen wir unser Leben.

Adriana Ohlhaver (l.) und Titia Ohlhaver (r.)

Die Ohlhaver-Schwestern

Titia Ohlhaver

Als die jüngere von zwei Schwestern bin ich mit dem Gefühl aufgewachsen, immer eine Begleiterin bei mir zu haben. Ich fühlte mich nie allein. Dass wir uns so nahe sind, hat sicher mit der schwierigen Beziehung unserer Eltern zu tun, weil wir da in Nöte gekommen sind, die als Konsequenz nur ein Zusammenhalten oder ein Sich-ganz-voneinander-Lösen zugelassen haben.

Als meine Eltern sich getrennt haben, war ich vier Jahre alt. Wir hatten eine schöne Jugendstilkommode, in der die Bilder meines Vaters und seine Zeichenutensilien aufbewahrt waren. Die wurde dann weggetragen, und das brachte mir die Erkenntnis: Jetzt geht er tatsächlich. Ich denke, zu der Zeit habe ich mich mit meiner Schwester noch stärker verbunden; die eine stand für die andere ein.

Wie es ist, ohne Schwester zu sein, lernte ich erst mit 13 kennen, als meine Schwester für ein Jahr bei meinem Vater in Persien war. Sie fehlte mir, und das war die Begegnung mit einem Gefühl, das ich bis dahin überhaupt nicht kannte. Ich war sehr traurig – es fühlte sich an, als hätte ich einen Menschen verloren.

Und Adriana ging es offenbar genauso; wir haben uns das in Briefen geschrieben. Sie war ein junges Mädchen und gerade auf dem Weg, eine junge Frau zu werden; da hätte es eigentlich keinen Grund gegeben, an ihre kleine Schwester zu denken. Aber seitdem leben wir in dem intensiven Bewusstsein, dass wir die Schwester haben und dass wir jemanden haben, auf den wir zählen können.

Wir haben schon in der Kindheit, aber auch, als wir älter wurden, viel zusammen unternommen. Ich ging früh auf Partys, auf denen Adriana auch war. Sie war meine Verbindung zu den Älteren, und sie war nicht nur Schwester, sondern auch Freundin. Als wir erwachsener wurden, wurde das besonders wichtig. Da kamen dann Momente, in denen man wirklich jemanden zur Unterstützung brauchte.

An Gefühle wie Konkurrenz oder Eifersucht kann ich mich nicht erinnern; es war eher ein Vergleichen. Wenn ich mich ansah und mich fragte, sehe ich gut aus oder nicht, orientierte ich mich in den ersten Jugendjahren sehr an Adriana. In dem Jahr, als sie in Teheran war, haben wir besonders gemerkt, dass wir einander sehr ähnlich sind. Wir lasen die gleichen Bücher, hörten dieselbe Musik. Und ich denke, wir wurden beide gerne Frau und haben das auch in einer ruhigen Form hinbekommen.

Konkurrenz und Eifersucht oder Neid hat es in der Form sicher gerade deswegen nicht gegeben, weil wir beruflich einen ähnlichen Weg beschritten haben. Adriana hat auch Design studiert – sie in Kiel, ich in Hamburg. Dadurch waren wir inhaltlich, in allem, womit wir uns befassten, immer nah beieinander.

Dabei gibt es etwas, das ich bei Addi bewundere: Es ist ihr Vermögen, über Farbe nachzudenken und ganz sicher die richtigen Farben auszusuchen. Sie kann das intuitiv, und ich kann das nicht ganz so gut; im Vergleich sind bei mir die Farben zu ruhig, alles ist sehr verhalten. Sie kann kräftige Farben zusammenstellen, extrem gewagt – und es stimmt. Das passt auch sonst. Sie geht neue Dinge sofort an, während ich erst einmal überlege. Dieses unterschiedliche Verhalten zieht sich durch unsere Freundschaft, unsere Schwesternschaft; auch dadurch können wir sehr gut miteinander agieren.

Ich habe nie ohne Kontakt zu Adriana gelebt und will es auch nicht. Es gibt Zeiten, in denen man schwierige Phasen durchlebt und für sich Klarheit bekommen muss; dann kann man den wohlwollenden Rat der Schwester oder der Mutter nicht gebrauchen, weil man sich um Neutralität im eigenen Denken bemüht. Dadurch gibt es manchmal Pausen. Wenn ich aber wirklich traurig und unglücklich bin und Nähe brauche, oder auch gute, großartige Dinge erlebe, dann rufe ich sie an, und sie ahnt es dann meistens schon.

Das ist ein Phänomen: Es gibt zwischen uns eine Verbindung, durch die man intuitiv anruft, oder im richtigen Moment bei der anderen anklingelt oder vorbeikommt. Addi ist die Person, die mich versteht, ohne dass ich mich weiter erklären muss. Wenn ich etwas erlebt habe, was einen tiefen Eindruck auf mich gemacht hat, könnte ich in ihrer Tür erscheinen, und sie wüsste, in welcher Verfassung ich bin.

Wenn ich mit Adriana ausgehe und wir einfach fröhlich miteinander sind, dann drehe ich immer richtig auf, dann kommt ein Witz zutage, und das genießen wir beide sehr. Diese humorvolle Leichtigkeit ist etwas, was unbedingt zu der Verbindung zwischen Adriana und mir gehört.

Wir können uns sehr gut konstruktiv kritisieren. Manchmal denkt man allerdings, dass man diese Deutlichkeit in diesem Augenblick eher nicht so gut gebrauchen könnte; sie hat dann aber doch den Effekt, dass man etwas Gutes daraus zieht und am Ende sagt: Übrigens danke, dass du mir das mal gesagt hast. Ich weiß, dass Adriana nur Dinge sagt, die mir nützen. Wir geben uns ein Feedback, wie man nach außen wirkt. Manchmal schleichen sich Verhaltensweisen ein, wenn man zum Beispiel im Job eine Schutzmauer aufbaut und sich ein bisschen cooler gibt, dann sagt Addi schon mal: Titia kannst du mal aufhören. Entweder sag ich dann sofort: Ja, danke, darauf habe ich schon lange gewartet, dass du das mal sagst oder: Wieso, was ist daran jetzt verkehrt? Aber dann merke ich doch, dass sie genau getroffen hat. Und umgekehrt mache ich das mit ihr auch.

Wir haben beide eigene, aber auch gemeinsame Freundinnen. Zeitweilig haben wir monatelang in Griechenland gelebt und haben dort auch Frauen getroffen, mit denen wir uns befreundet haben. Ein, zwei Freundinnen haben wir da, die unsere gemeinsamen Freundinnen sind. Allerdings habe ich dort auch eine Freundin, die Adriana ablehnt; sie mag sie nicht, und das sagt sie mir auch eindringlich. Mit dem Einmischen hat sie ein selbstverständlicheres Gefühl als ich; ich bin da etwas vorsichtiger.

Ich frage Addi häufiger um Rat, besonders in gestalterischen Dingen. Sie ist eher der lonesome rider, macht ihre Sachen, und wenn ich hereingeschneit komme und sehe, sie hat schon alles fertig und mich nicht gefragt sage ich: Toll. Für mich ist das völlig in Ordnung.

Wir haben selten Differenzen. Es gibt Telefonate, in denen die eine der anderen sagt: Lass uns lieber ein anderes Mal sprechen, ich finde es nicht richtig, was du machst – und das geht dann die andere auch wirklich an. Oft betrifft es zum Beispiel das Verhalten unseren Eltern gegenüber, zu denen wir eine starke Nähe haben. Wir haben zu unserer Mutter ein wirklich enges Band; unser Verhältnis ist sehr liebevoll, aber auch schwierig.

Alle paar Jahre gibt es die Situation, dass Adriana und ich beide merken, jetzt müssen wir uns mal wieder zusammensetzen und einander ganz ehrlichen Herzens sagen, was die eine von der anderen denkt. Wir haben in den letzten Jahren sehr hektisch gelebt und dabei passiert manchmal etwas, was die andere nicht nachvollziehen kann, was sie aber auch betrifft. Das sind dann sehr ernste Stunden, und danach ist es tatsächlich so, dass wir einander richtig wiedergefunden haben. Wir sind uns beide bewusst, wie kostbar unsere Schwesternschaft ist. Wenn ich mir vorstelle, einer von uns beiden würde etwas passieren und man müsste ohne die Schwester auskommen – ich glaube, dann verliert man ein großes Stück von sich selbst.

Adriana Ohlhaver

Als Titia geboren wurde, war ich vier Jahre alt und ziemlich enttäuscht, dass sie so klein war und noch gar nichts konnte. Sie kam mir sehr unfertig vor, aber sie wurde ja glücklicherweise älter, und dann haben wir sehr viel zusammengespielt.

Ich habe sie beschützt und fühlte mich wirklich als ältere Schwester; ich war wohl auch etwas bevormundend. Als sie vier und ich acht Jahre alt waren, haben sich unsere Eltern getrennt. Das war ein starker Einschnitt in unserem Leben, und das hat uns sicher besonders stark verbunden. Wir lebten gemeinsam mit unserer Mutter und entwickelten uns dadurch schon früh zu Freundinnen.

Nur eine kurze Zeit lang, als ich etwa 14 war, war es schwierig. Titia war eindeutig noch Kind, und ich wollte schon mehr alleine unternehmen; dann empfand ich sie als Last, wenn ich sie mitnehmen sollte. Außerdem vermisste ich meinen Vater sehr. Als er ging, war Titia noch sehr klein gewesen, und sie hatte ihn schon aus ihrem Leben ausgeblendet.

Mit 16 besuchte ich meinen Vater, der als Lehrer im Iran lebte, für ein Jahr, und als ich mit 17 zurückkam, verstanden Titia und ich uns wieder sehr gut. Sie war inzwischen auch in der Pubertät und hatte mich in dem Jahr wohl sehr vermisst. Ich habe das Gefühl, dass ich sie heute, etwa vom Studium an bis heute, mehr vermisse als damals.

Sie lebt jetzt ein anderes Leben. Ich arbeite sehr viel, und sie hat im Augenblick mehr Freiheiten. Wir können nicht mehr so viel gemeinsam unternehmen, allerdings sehen wir uns jetzt häufig zum gemeinsamen Arbeiten am Wochenende.

Wir haben zusammen ein kleines Haus in Griechenland und richten es immer so ein, dass wir wenigstens dort eine Zeit lang zur gleichen Zeit sind. Dann ist es jedes Mal so, dass wir am Anfang echte Schwierigkeiten miteinander haben. Dabei können wir gut erkennen, in welchen Punkten wir verschieden sind.

Titia zum Beispiel ist viel akkurater als ich. Sie hat ein Programm, zieht es durch und stellt etwas auf die Beine. Ich lass die Dinge eher laufen und verlass mich darauf, dass sie die Initiative ergreift. Wenn Titia etwas stört, sagt sie das nicht gleich, sondern ist plötzlich sehr kühl. Sie ist ja sonst immer herzlich, aber dann ist sie nicht wiederzuerkennen. Das geht so lange, bis ich Streit anfange. Dann streiten wir uns richtig – mit Türenknallen. Häufig kommt etwas zum Vorschein, was sich bei beiden angesammelt hat, und das knallen wir uns dann an den Kopf.

Ich finde immer, sich offen auszusprechen, ist wirklich die bessere Lösung, und wir brauchen keine Angst zu haben, etwas zu zerstören; dazu kennen wir uns zu gut. So ein Gewitter ist immer reinigend. Manchmal hat Titia eine etwas geschäftliche Art, sich zu geben. Das mag ich nicht, mir gefällt sie viel besser, wenn sie natürlicher ist, und das sag ich ihr dann auch. Es gibt wahrscheinlich Leute, an denen man viel mehr zu kritisieren hat, sagt es aber nicht, weil sie einem nicht so wichtig sind. Aber Titia ist mir wichtig.

Was ich an Titia bewundere, ist diese Initiative. Sie setzt die Dinge, die sie sich vorgenommen hat, wirklich um. Oft betrifft es mich auch mit, und ich denke dann, wie schön es ist, dass ich sie habe. Dann habe ich plötzlich so ein warmes

Schwesterngefühl. Auch wenn sie die Jüngere ist, ist sie mein stilles Vorbild.

Als ich die Schwierigkeiten mit meinem Vater hatte, war ich schlecht in der Schule, wurde als faul hingestellt und wusste nicht, was ich werden wollte. Ich wusste gar nichts, habe eigentlich nur Probleme gehabt und war in jeder Hinsicht ein schlechtes Geschwisterbeispiel für Titia. Und da hat sie schon in der Schulzeit angefangen, ihre Sachen akkurat zu machen, wirklich straight zu sein. Sie sagt zum Beispiel: So, Addi, ich habe eine Idee – wollen wir da und da hingehen? Sie besorgt dann auch die Karten oder hat schon einen fertigen Plan.

Es gibt noch andere Dinge, die ich an ihr bewundere: Sie ist ein Stehaufmännchen. Auch wenn sie einmal ganz unten ist, hievt sie sich selbst wieder heraus; sie lässt sich niemals hängen. Dabei bleibt sie immer freundlich und herzlich – in dem Punkt ist sie anders als ich. Das schätze ich sehr an ihr, und ich hätte auch gerne einen Teil davon.

Unser gemeinsames Arbeiten funktioniert so gut, weil wir uns als Schwestern gut kennen und, wie Freundinnen, wirklich gut verstehen. Wir wissen genau, wer für welche Arbeit besser geeignet ist. Sie ist mehr die Kontakterin, und ich bin diejenige, die eine Sache durchgestaltet. Es gibt auch Jobs, bei denen wir beide Gestaltung machen. Dann setzen wir uns hin und sprechen erst einmal alles durch. Wir ergänzen uns gut und können wunderbar und produktiv gemeinsam arbeiten. Wir bringen uns wirklich weiter, weil jede einen gewissen Ehrgeiz entwickelt, aber glücklicherweise nicht in dem Sinne, dass die eine die andere übertrumpfen will.

Früher wurde ich häufig gefragt, ob ich neidisch auf meine jüngere Schwester sei. Titia war charmant und lieblich und sah unheimlich süß aus. Sie war auch schon sehr früh entwickelt, während ich ein totaler Spätzünder war. Es gab Freundinnen, die uns als Konkurrentinnen sehen wollten, aber wir haben uns nicht so empfunden. Ich war nie neidisch auf sie. Wenn ich ehrlich bin, bin ich heute ein wenig traurig, dass sie durch ihre neue Ehe so gebunden ist; ich wünsche sie mir ein bisschen weniger paardenkend. Ich kenne ihren Mann schon lange, und natürlich will ich ihm nicht wehtun, denn ich mag ihn sehr. Ich will sie ja auch nicht für mich alleine haben, nur unabhängiger.

Früher habe ich Titia bei Problemen immer gleich angerufen und sie sicher damit belastet. Jetzt bleibe ich erst einmal für mich. Aber wenn ich überhaupt mit jemanden sprechen will, dann auf jeden Fall mit meiner Schwester; ist sie die Erste. Es gibt noch eine Freundin, aber Titia ist die Vertrauteste. Das hängt sehr viel mit dem miesen Verhältnis meiner Eltern zusammen. Seit dieser schwierigen Zeit haben wir alles miteinander besprochen und uns gegenseitig gestützt. Das ist auch später glücklicherweise so geblieben.

Unser Verhältnis ist immer sehr nah gewesen. Das zeigt sich besonders, wenn es Probleme gibt. Ich weiß, ich kann mich absolut auf sie verlassen. Ich überlege manchmal, wie mein Leben aussehen würde, wenn Titia nicht da wäre. Ich wäre wirklich jemand anderes. Es ist für mich unvorstellbar, sie nicht als Schwester zu haben. Wir sind ganz eng verbunden, auch wenn wir uns mal nicht sehen. Sie ist ein Teil von mir, aber doch jemand anderes – so wie bei Zwillingsschwestern.

Natürlich kann ich mir vorstellen, mit ihr in einer Art Wohngemeinschaft zu leben. Ich würde wahrscheinlich die Zweite im Hintergrund sein und meine Schwester die Unterhalterin, aber dagegen hätte ich nichts. Wir könnten sicher gut zusammenleben; wir würden uns auch streiten, aber nach kurzer Zeit ist es dann wirklich so, als wären wir zu Hause – wir sind eben Schwestern. Noch dringlicher wünsche ich mir, dass wir mehr zusammenarbeiten. Das stelle ich mir noch besser vor, als zusammenzuleben. Das wäre wirklich richtig gut, denn ich kenne niemanden, mit dem das so gut geht wie mit Titia.

Katja Riemann (v.) und Susanne Riemann (h.)

Die Riemann-Schwestern

Katja Riemann

Meine frühen Erinnerungen an meine große Schwester werden mehr durch Bilder und Gefühle bestimmt. In den Bildern meiner Kindheit gibt es nur Sommer. Wir wohnten auf dem Land im Schulhaus und hatten einen schönen Garten, an dessen Ende viele Pappeln standen. Gleich dahinter lag der Spielplatz der Schule, wo natürlich nachmittags nichts los war, sodass wir dort schön spielen konnten.

Als Susanne noch zu Hause wohnte, schliefen wir zusammen in einem Zimmer, und sie kümmerte sich so richtig als große Schwester um mich. Sie nahm mich immer ernst und dachte sich schöne Sachen aus. Sie ist ein sehr kreativer Mensch und hat eine besondere Art und Weise, aus einem gewöhnlichen Vorgang ein kleines Zeremoniell zu machen.

Ihre Art, und was für Spiele wir gespielt haben und was wir für Lieder gesungen haben, haben mich geprägt. Sie war einfach die beste Schwester, die man sich wünschen kann. Wir wuchsen in einem sehr musischen, kreativen Haushalt auf. Im Bereich der bildenden Kunst war mein Vater maßgeblich. Susanne hat das übernommen und ist die Begabteste von all den Menschen, die sich in unserer Familie mit Kunst befassen. Mein Bruder macht – abgesehen von seiner bildenden Kunst – Musik, er ist ein wunderbarer Songwriter, und meine Mutter hat sich mit Schreiben und Lesen und Kunsthandwerk beschäftigt. Sie hatte lange Zeit eine Galerie. Ich bin groß geworden mit den Beatles durch meinen Bruder, und mit Ella Fitzgerald, Billie Holiday und Louis Armstrong durch meine Schwester.

Susanne ist früh von zu Hause weggegangen. Natürlich habe ich sie vermisst, und wir haben in der Zeit einen intensiven Briefwechsel begonnen. Wir haben uns bestimmt ein-, zweimal die Woche geschrieben. Wir schreiben uns immer noch sehr oft.

Für mich gab es eine ganz wichtige Zeit im Alter von elf bis 14, als Susanne in Braunschweig Kunst studierte. In jeden Ferien konnte ich sie besuchen. Mit drei Kindern war zu Hause für große Reisen kein Geld übrig, aber diese Besuche bei Susanne waren für mich ganz toll. Ich genoss mit ihr die absolute Freiheit, und sie behandelte mich, als wäre ich schon erwachsen. Ich durfte mit ihr ausgehen, ihre Freunde gingen mit mir wie mit ihresgleichen um, nicht wie mit einem Kind. Susanne, aber auch mein Bruder Jochen, haben mich stark geprägt. Als ich kleiner war, hatte ich mehr Kontakt zu meiner Schwester, und dann hat mein Bruder ein bisschen übernommen. Ich bin dann in den Ferien zu ihm gefahren.

In der Zeit, als ich an der Schauspielschule in Hannover die Aufnahmeprüfung gemacht habe, wohnte ich bei Susanne. Sie hat mich dabei ganz toll unterstützt; sie hatte so eine Leichtigkeit und Klarheit. Sie meinte einfach: Wenn du das machen willst, dann machst du das. Es war so selbstverständlich; das hat mir sehr geholfen.

Ich scheue mich zu sagen, Susanne ist meine Freundin, weil Schwestern sich aus einer anderen – exponierteren und verletzlicheren – Position kennen. Man kann sich daraus nicht befreien. Ich glaube, so eine Liebe innerhalb der Familie ist etwas Besonderes, und ich möchte sie nicht angleichen an etwas, was man auch sonst haben kann.

Es ist so kostbar, überhaupt eine Familie zu haben, und wenn man dann auch noch ein gutes Verhältnis hat und vielleicht ähnliche Passionen und eine ähnliche Einstellung zum Leben – warum soll ich aus meiner Schwester eine Freundin machen? Mit meiner Schwester und meinem Bruder gibt es eine verbriefte Garantie auf Liebe bis ans Ende des Lebens.

Zwischen Susanne und mir gibt es auch eine besondere Art der Kommunikation. Jetzt haben wir dadurch, dass wir zusammen Bücher schreiben, viel Kontakt, aber es gab auch Zeiten, in denen wir nichts voneinander hörten. Und wenn man dann plötzlich anruft, muss man sich nicht groß entschuldigen für die lange Stille. Ich weiß, ich kann auch nachts anrufen und sagen: Mir geht es schlecht, komm her, dann macht sie das. Darum finde ich, meine Schwester ist meine Schwester und nicht meine Freundin. Ich kann nicht sagen, das eine ist besser als das andere; es ist einfach ein unterschiedliches Gefühl von Liebe.

Zu unseren gemeinsamen Kinderbüchern kam es ganz einfach. Ich bekam eine Anfrage vom Verlag Edition Riesenrad, der zu dem Zeitpunkt gerade im Aufbau begriffen war, ob ich nicht darüber nachdenken möchte, einmal ein Kinderbuch zu schreiben, in dem es um die Beziehung zwischen einer Mutter und ihrer Tochter geht. Damit haben sie bei mir offene Türen eingerannt, weil ich mein Leben lang immer schon Geschichten und Texte geschrieben habe.

Ich habe eine Geschichte von mir herausgesucht, die ich herumliegen hatte, die hieß: Der Name der Sonne. Die hatte ich meiner Tochter irgendwann beim Einschlafen erzählt und später aufgeschrieben.

Die Geschichte hat ihnen sehr gut gefallen, und dann ging es darum, wer die Bilder dazu malt. Ich hatte natürlich sofort Susanne im Kopf und habe sie angerufen, ob sie grundsätzlich Lust zu so etwas hätte. Sie fand das interessant und wollte es versuchen. Der Verlag schickte meine Geschichte noch zwei anderen Illustratoren und bat um Probeillustrationen. Was Susanne eingereicht hatte, war mit Abstand das Interessanteste und Symbiotischste zwischen Text und Bild. Wir haben einfach eine ähnliche Art von Fantasie und Visionen.

Schon dabei, und später während der Arbeit, merkten wir, wie ähnlich wir etwas angehen. Das hat viel mit unserer Mutter zu tun. Wenn wir etwas machen, machen wir es gründlich und liebevoll. Zu dem Zeitpunkt hatte ich schon die Idee, dass es eine Trilogie werden sollte: Der Name der Sonne, Der Chor der Engel und Die Einsamkeit des Mondes.

Susanne und ich hatten bei der Arbeit zum ersten Buch manchmal sehr angespannte Situationen. Beim zweiten war es entspannter, weil wir schon über 30000 Bücher verkauft hatten und deswegen vom Verlag eine größere Bewegungsfreiheit bekamen. Aber die Figuren erst einmal zu erfinden, welche Technik, welche Farben, welcher Stil, wie die Mutter aussieht, war natürlich ein Prozess.

Da gab es Situationen zwischen Susanne und mir – da ging es ans Eingemachte. Ich habe noch den ganzen Briefwechsel; wir konnten es immer benennen, das war das Gute. Es gab nächtliche lange Briefe von Susanne an mich, die waren zwölf Seiten lang und Faxe von mir an sie. Wir sind immer durch unsere Bedenken hindurchgegangen, blieben immer wahrhaftig und offen zueinander. Das finde ich etwas sehr Besonderes. Ich persönlich bin ein sehr harmoniebedürftiger Mensch, ich kann Spannungen nicht wirklich gut aushalten. Ich suche immer nach Lösungen, und mich macht es froh, wenn die Menschen lieb und glücklich sind. Das reicht mir dann schon.

Das erste Buch hat sich wahnsinnig gut verkauft, es war mit das bestverkaufte Kinderbuch 1999 – so sagte man mir zumindest. Ich habe an »Der Einsamkeit des Mondes« sehr lange geschrieben. Lila, die Hauptfigur, wächst natürlich im Laufe dieser Trilogie, wie meine Tochter wächst und wie auch unsere Erfahrungen mit den Büchern wachsen.

Ich bin mittlerweile sehr glücklich mit der Geschichte, weil sie verschiedene Ebenen bedient, und viele Dinge hineinfließen, die im weitesten Sinne mit Spiritualität zu tun haben. Susanne und ich haben uns durch diese Arbeit plötzlich ganz oft gesehen, sind zusammen in Talkshows und haben gemeinsame Lesungen veranstaltet. Es ist so schön, seine Familie dabei zu haben.

Susanne ist ein unglaublich zuverlässiger und gründlicher Mensch, und wenn sie sagt, sie macht etwas, dann kann ich mich darauf verlassen. Ich kann Verantwortung abgeben, was mir sonst sehr schwerfällt. Darüber hinaus ist sie unendlich fleißig, und ich frage mich manchmal, wie sie das alles durchhält – mit Schule und der eigenen künstlerischen Arbeit und mit so wenig Schlaf und so vielen Zigaretten – und dabei auch noch so wunderschön ist!

Es ist interessant zu sehen, wie man sich mit den Jahren verändert. Ich war früher nur gehetzt und angestrengt und gestresst und konnte mich nie entspannen. Das ist jetzt viel besser geworden, und es ist ein bisschen Ruhe eingekehrt in mir, auch wenn immer wieder etwas Neues passiert. Für mich ist es wichtig, dass ich mich zentriere. Ich muss aushalten, eine öffentliche Person zu sein. Wenn man das schon so lange ist wie ich, muss man viele kleine Räume haben, in denen Kissen sind. Als Kreativer ist man empfindsam – als öffentliche Person dagegen brauche ich ein dickes Fell. Aber mit einem dicken Fell kann ich nicht mehr Schauspielerin sein ...

Meine Schwester hat sich im Laufe der Zeit sehr gewandelt. Wir haben uns immer gut verstanden, aber sie war früher ein recht launischer Mensch. Ich bin dann immer rausgegangen und kam wieder, wenn sie wieder gute Laune hatte. Mit dem Älterwerden lernt man sich besser kennen. Man achtet darauf, wie man mit sich und anderen umgeht. Man will gar nicht ein anderer Mensch werden, sondern lernt, seine Charaktereigenschaften zu akzeptieren. Man erkennt die Situationen, in denen man andere Menschen strapaziert und dadurch etwas aufs Spiel setzt, was wertvoll ist. Das finde ich toll an Susanne, dass sie das letztlich weiß. Dadurch wird es auch für mich einfacher, und wir können darüber reden und lachen.

Weihnachten feiern wir alle zusammen, meistens bei Susanne. Jochen kommt aus Köln und ich aus Berlin, und Paula, meine Tochter, und ich lieben es. Susanne ist die Einzige, die Grünkohl kochen kann, und sie bereitet alles ganz wunderbar vor. Klar fände ich es am schönsten, wenn man auch am Geburtstag beieinander ist, aber Weihnachten, das ist für mich gar keine Frage, müssen wir zusammen sein.

Ich bin sehr gerne bei Susanne und darum fahre ich einfach zwischendurch zu ihr. Dadurch, dass wir uns immer so nahe waren und immer sind, sind wir jede ein Stück von der anderen. Sie war und ist für mich nicht Vorbild im Sinne von: Ich möchte auch mal so werden wie du – dazu bin ich nicht der Typ –, trotzdem ist sie vorbildlich, weil ... weil ich sie liebe.

Susanne Riemann

Als meine Schwester Katja geboren wurde, war ich schon elf Jahre alt, und ich weiß noch genau, dass unsere Mutter sagte: Sie ist 58 Zentimeter lang, was ja wirklich sehr lang ist. Mein Bruder und ich waren darüber beruhigt, dass sie uns wenigstens einen halbwegs erwachsenen Menschen mit nach Hause bringen würde.

Unsere Mutter war Lehrerin in einem Dorf, und wir lebten neben der Schule in einem schönen 1952, ländlichen Haus. Weil in meinem Zimmer ein Ofen war, kam Katja erst einmal in mein Zimmer. Sie war ganz süß, wie eine kleine Puppe. Sie lag in einer hellblauen Wiege mit einem Himmel darüber, und ich habe ihr vorgesungen und Akkordeon für sie gespielt. In einer bestimmten Weise habe ich Katja gleich auf einer Ebene mit mir, nicht als Baby, sondern als richtige gleichwertige Schwester gesehen und ernstgenommen. Es gab nie Konkurrenz zwischen uns, denn als sie sprechen konnte, war ich schon in der Pubertät; sie war einfach kein adäquater Streitpartner. Anders als mein ein Jahr jüngerer Bruder, mit dem ich mir Wortgefechte lieferte und auch heftige Raufereien hatte.

Wir lebten auf dem Lande, und es gab keine Beschäftigung und keine Spielplätze für Kinder, und da war unser Vater unser Spielpartner. Er dachte sich immer etwas aus. Wir hatten unsere Fußballspiele und ein Federballnetz hinten im Garten, und dort trugen wir unsere Gefechte aus – unser Vater, mein Bruder und ich. Katja war unser einziger Zuschauer. Sie stand am Rand und fand uns toll. Sie war meistens auf meiner Seite und schrie: Linie –, obwohl der Ball draußen war oder: Nein, der war noch drin –, und dann wurde sie auch voll akzeptiert. Linie fand sie ziemlich gut. Ich bin mir nicht sicher, ob sie wusste, was Linie ist. Sie schrie immer: Linie. Das war wirklich niedlich.

Ich ging schon mit 16 von zu Hause weg. Ab da waren wir alle nicht mehr täglich zusammen, aber wir haben immer Wege gefunden, uns nah zu sein, sodass der Kontakt nie abgebrochen ist. Katja und ich hatten schon früh einen sehr intensiven Briefkontakt. Sie konnte schon mit fünf Jahren schreiben und sehr schön malen und schrieb mir viele wunderbare Briefe nach Wilhelmshaven, wo ich eine Sportausbildung machte. Ich habe ihre Briefe in einem Ordner gesammelt, und es steigen mir heute die Tränen in die Augen, wenn ich diese bunten liebevollen Kinderbriefe sehe, in denen Katja von ihren Schildkröten erzählt oder von ihren Ohrenschmerzen berichtet; jede Zeile aufwendig mit einem andersfarbigen Stift geschrieben.

Als ich später in Braunschweig Kunst studierte, kam Katja in den Ferien oft zu Besuch. Obwohl sie sehr viel jünger war, empfand ich sie als gleichwertige Gesprächspartnerin, und wir hatten sehr viel Spaß miteinander. Zur Aufnahmeprüfung für ihr Schauspielstudium hier in Hannover wohnte sie bei mir.

Diese Zeit war sehr anstrengend für sie. Am Anfang waren 200 Leute dabei, und jeden Tag schieden welche aus. Katja war ganz erledigt und meinte: Ich will das nicht, ich kann das nicht, dieser Stress. Ich glaube, dass es gerade in dieser angespannten Situation wichtig war, dass wir zusammen sein und miteinander reden konnten. Natürlich wurde sie genommen, und sie studierte dann die ersten drei Semester hier in Hannover. Wir hatten in dieser Zeit sehr viel mehr direkten Umgang miteinander und sind uns erstmalig auf einer anderen, vielleicht erwachseneren Ebene begegnet. Ich denke, damals entstand unsere enge Beziehung.

Ich habe relativ früh ein Kind bekommen, meine Tochter ist jetzt 24. Katja ist im Alter genau zwischen ihr und mir, und Katjas Tochter wiederum ist im selben Abstand von zwölf, dreizehn Jahren später geboren. Wir erleben ganz ähnliche Dinge, seit Katja auch Mutter ist, weil wir beide alleinerziehend sind. Das ist immer ein Thema zwischen uns. Wenn sie irgendwelche Schwierigkeiten mit ihrer Tochter hat, weiß ich genau, worüber sie redet. Unsere äußere Lebenssituation verändert sich und beeinflusst unsere Gespräche oder gemeinsame Aktionen, aber es kommen eigentlich nur neue Themen hinzu.

In unserer Familie schreiben alle sehr gerne. Ich schreibe lieber ein bisschen antiquiert, auf einem schönen Papier mit einem schönen Stift. Das habe ich wirklich gerne. Wir verschicken einander richtige Erzählbriefe. Katja schreibt lieber E-Mails. Im Schnitt kommt einmal die Woche ein Brief an, von Zeit zu Zeit telefonieren wir, und wir sehen uns öfter zwischendurch. Die Zugverbindung nach Berlin ist sehr schnell, in eineinhalb Stunden ist man dort. Es kommt vor, dass ich am Nachmittag nach der Schule zu ihr fahre. Dann haben wir einen intensiven Nachmittag miteinander und abends geht es wieder zurück.

Ich habe viel Kontakt mit meinem Vater, den ich ja länger erlebt habe als Katja. Wir haben uns das ein bisschen aufgeteilt. Ich bin eine Vater-Tochter. Katja empfindet das zwar nicht so, aber sie ist eigentlich das Kind von Mama. Mit meinem Vater habe ich auch einen sehr intensiven Briefkontakt. Seit eh und je habe ich alle zwei bis drei Wochen Post von ihm und das seit fast 35 Jahren. Weil er auch Kunst macht, haben wir ein gemeinsames Thema; dadurch hatten wir immer eine besondere Nähe zueinander. Katja hat ihn noch vier, fünf Jahre zu Hause erlebt. Er ist immer sehr rührend mit ihr umgegangen.

Zu Weihnachten sehen wir uns immer alle. Dann ist Spieletag, und es wird viel gelacht. Wir treffen uns im Wechsel; ein paarmal war es bei Mama, auch mal bei Jochen, unserem Bruder, und in letzter Zeit hat es sich ein bisschen eingeschliffen, hier bei mir zu feiern, weil ich in der Mitte wohne. Aber der Ort ist nicht wichtig, die Hauptsache ist, dass wir alle zusammenkommen.

Ich glaube, unser gutes Miteinander verdanken wir unserer Mutter. Wenn Katja und ich Konflikte haben, versuchen wir sie meistens per Brief zu lösen. Wir greifen nicht zum Telefon. Ein Brief überrascht einen nicht in einer Phase, wenn man gerade gar keine Lust hat zu reden. Man kann ihn in Ruhe schreiben, und der andere liest ihn dann, wenn er Zeit hat. Das finde ich schön.

Ich finde Katja als Schauspielerin ganz großartig. Wenn ich sie sehe, vergesse ich, dass sie meine Schwester ist. Sie ist so in ihrer Rolle, dass sie eine ganz andere Identität annimmt. Das finde ich bewundernswert. Ich bin natürlich stolz auf sie.

Durch unsere gemeinsamen Bücher stehen wir auch zusammen in der Öffentlichkeit. Das erlebe ich als ganz spannend.

Dadurch, dass ich meine Arbeit in der Schule habe, habe ich beides, und das gefällt mir. Ich möchte nicht den ganzen Tag im Rampenlicht stehen. Das würde mich wahnsinnig annerven, aber nur Schule würde mich auch langweilen.

In den Ferien habe ich Zeit für Interviews oder Talkshows oder ein paar Lesereisen. Diese gemeinsamen Lesungen genießen Katja und ich sehr. Wir stellen uns dann gegenseitig vor: Das ist meine Schwester Katja, das ist meine Schwester Susanne und erzählen ein bisschen übereinander. Dann fängt Katja an zu lesen, und ich zeige eine Dia-Projektion meiner Bilder dazu. Hinterher haben wir noch ein paar Fragen und machen die Kinder auf einige Dinge aufmerksam. Danach singen und malen wir mit den Kindern zusammen.

Unterwegs unterstützen wir uns gegenseitig. Katja steht ja sonst immer alleine vor den Menschen. Für mich sind diese Lesungen im weitesten Sinne eigentlich so ähnlich wie Schule. Ob ich 30 Personen vor mir habe wie in der Schule oder 300, ist eigentlich kein Unterschied. Und deshalb kann ich das relativ locker angehen. Ich muss nicht glänzen – wenn jemand mich doof findet, bitte schön, soll er das gerne tun. Katja hat es da als öffentliche Person erheblich schwerer als ich.

Mit Katja gemeinsam Kinderbücher entstehen zu lassen, ist eine schöne Erfahrung. Wir können uns im Gespräch gegenseitig anregen, und das Zusammenarbeiten ist einfach, weil bestimmte Begrifflichkeiten über Jahre hinweg inhaltlich gefüllt worden sind und unmissverständlich eine Menge Dinge transportieren, die gar nicht mehr ausgesprochen werden müssen. Viele Details sind von vornherein schon klar, die sich später im Laufe der Arbeit auch bestätigen. Bei unserer ersten Figur Lila zum Beispiel brauchten wir nicht lange über die Haarfarbe zu diskutieren; es war sowieso klar: Lila ist blond! Katja ist blond, ich bin blond, unsere Töchter sind blond. Natürlich ist Lila auch blond.

In künstlerischen Berufen gibt es das Problem, dass man einerseits eine starke Empfindsamkeit haben muss, um überhaupt seinen Beruf ausüben zu können, aber wenn man dann in der Öffentlichkeit steht, braucht man eigentlich eine dicke Elefantenhaut. Diese Schwierigkeit erlebe ich bei Katja. Ich rufe sie sofort nach einer Talkshow oder nach sonst einem Auftritt im Fernsehen an und sage ihr, wie gut sie war. Sie braucht das und wartet auch drauf. Alle aus der Familie rufen an, das ist ihr immer ganz wichtig. Nicht, dass ich ihr Honig um den Bart schmiere, das meine ich nicht. Aber sie ist ja auch meistens gut. Ich sehe natürlich dieses Verletzliche, und sie tut mir wirklich leid.

Deshalb sind unsere gemeinsamen Reisen so schön und auch unsere gemeinsamen Talkshows, wo wir uns gegenseitig stützen. Sie hat das Gefühl, sie müsste mir zeigen, wie es geht und sich um mich kümmern, und ich sage: Ich nehme mich ein bisschen zurück –, damit Katja nicht nervös wird. Dadurch sind wir beide entspannter.

Katja ist ein sehr energiegeladener Mensch, sehr kreativ, womit ich meine, dass es nichts Eingefahrenes bei ihr gibt. Egal in welcher Lebenssituation sie sich befindet, es wird alles immer wieder neu bedacht und neu angegangen. Das ist nicht leicht für den Umgang mit ihr, weil man ihre Reaktionen nicht einschätzen oder vorhersehen kann. Aber gerade das liebe ich, weil man immer wieder überrascht wird. Ein Mensch ist viel spannender, wenn man nicht weiß, wie er als nächstes reagiert.

In ihrer Arbeit ist sie sehr diszipliniert. Wir sind Norddeutsche, ein bisschen preußisch, aber ich mag diese norddeutsche Zurückhaltung. Ich mag Katja gerne ansehen, finde sie schön, sehr weich. Ich erinnere mich, dass ich einmal traurig war und sie spät in der Nacht besuchte. Da hatte sie, während sie auf mich wartete, genau solche Quarkbrötchen gebacken, wie Mama sie auch immer machte. Das war sehr lieb.

Josephine Schins, Tonny Clabbers, Marlène Schins, Elly Op de Laak, Mareike Schins, Marie-Thérèse Schins (v.l.n.r.)

Die Schins-Schwestern

Marie-Thérèse Schins

Wenn ich an meine Kindheit denke, ist mein Hauptgefühl, dass ich – obwohl wir so viele Geschwister waren – doch oft einsam innerhalb dieser riesigen Gruppe war. Ich bin das siebte Kind von zehn Kindern und von sieben Schwestern die fünfte.

Meine Mutter hatte wenig Zeit, und man musste oft lange warten, wenn man mit ihr einmal ganz alleine sein wollte. Außerdem hatte ich innerhalb der Familie eine schwierige Position, weil meine Mutter die Kinder in Gruppen aufgeteilt hatte. Es gab die Großen, die Mittleren und die Kleinen, und ich hing als siebtes Kind genau dazwischen. Manchmal gehörte ich zu den drei Kleinen, manchmal zu den drei Mittleren. Wenn ich abends ins Bett musste, gehörte ich zum Beispiel zu den drei Kleinen, und dann habe ich protestiert.

Wir hatten sehr strenge Regeln in der Familie, sonst hätte es nicht funktionieren können. Wir hatten morgens um acht Uhr am Frühstückstisch zu sitzen, mittags um halb eins beim Essen und abends um sechs Uhr zum Abendbrot da zu sein. Bis zum Abschluss der Schule hatte man sich an diese Regeln zu halten, weil es sonst ein absolutes Chaos gewesen wäre.

Wir hatten bestimmte Räume, in denen wir uns zum Essen trafen, wochentags im Kinderzimmer und sonntags im Wohnzimmer. Der Tisch wurde jeden Morgen, Mittag und Abend für zwölf oder auch für mehr Personen gedeckt. Sonntag war ein schöner Tag in der Woche; es gab ein gekochtes Ei, echte Butter und von der Mutter selbst gebackenes Brot. Und es kam immer viel Familie zu Besuch: Großmutter, Großvater, der Großonkel mütterlicherseits, bei dem wir alle Klavierunterricht hatten, und der während meiner Kindheit mein ganz spezieller Freund wurde.

Beim Klavierunterricht hatte ich allerdings Probleme, die Noten mit den Tasten zu koordinieren. Das will nicht heißen, dass ich nicht musikalisch bin, ich hatte einen Aussetzer im Gehirn. Aber dieser Onkel Jacques hatte eine unendliche Geduld mit mir und ist später einfach zu anderen Gebieten gewechselt, an denen ich mehr Interesse hatte. Wir haben gemeinsam Gedichte gelesen und Stücke aus der Literatur diskutiert; ich lernte Dinge auswendig, die ich bei ihm vortragen konnte, ohne zu Hause ausgelacht zu werden. Er nahm mich sehr ernst und hatte viel Zeit für mich.

Ich habe intuitiv gespürt, dass manchmal etwas zwischen den Eltern nicht stimmte. Sie waren zwar beide unglaublich diszipliniert, aber ich habe doch gesehen, dass meine Mutter ziemlich verzweifelt war. Sie kam jeden Morgen sehr ordentlich zum Frühstückstisch; ich habe sie selten ungeschminkt oder nicht schön angezogen gesehen, aber ich konnte an ihren Augen sehen, wenn sie traurig war. Ich habe mich aber nie getraut, zu fragen, was mit ihr ist.

Mein Vater war für mich sehr weit weg. Er war eine Respektsperson. Er hat sehr hart gearbeitet. Er war nicht wie andere Väter; er war irgendwo, aber nie in meiner Nähe. Er organisierte im Hintergrund viel für unsere Ausbildung. Auf seine Art hat er seine Kinder wohl geliebt, vor allen Dingen die Töchter, aber er konnte es nicht zeigen. Er hat wirklich versucht, uns die Chance einer guten Ausbildung zu geben; dafür haben meine Eltern ihr letztes Hemd gegeben. Er war stolz auf seine Kinder und hat uns einmal pro Jahr auf einem Ball vorgezeigt. Er war ein Mann von wenigen Worten. Man musste schon sehr genau hingucken und hinhören, um zu wissen, was er meinte. Das ist natürlich sehr schwierig für ein pubertierendes Kind. Mit Problemen sind wir nicht zu meinem Vater gegangen, sondern erst zur Mutter, die dann Vermittlerin war.

Meine Mutter hat sich viel Mühe mit uns allen gegeben, und ich habe sie als Kind bedingungslos geliebt. Dann gab es eine Zeit, in der ich mich sehr mit ihr gefetzt habe. Später haben wir uns dann sehr gut verstanden. Sie konnte sehr streng, aber auch liebenswert sein. Ich glaube, sie wäre manchmal gerne aus der Ehe ausgebrochen, einfach einmal weg – ohne diesen Mann und ohne die Verantwortung für alle Kinder.

Wir hatten nicht viel körperliche Berührung miteinander, das haben wir immer noch nicht. Ich habe es sehr mühsam lernen müssen, andere Menschen anzufassen, sie in den Arm zu nehmen, weil ich das von zu Hause zu wenig gelernt habe. Es gab ein formelles Küssen zum Geburtstag oder zu Weihnachten.

Nikolaus war für uns eine Zeit der Geheimniskrämerei. Man versuchte, mit ganz wenig Taschengeld für jeden ein kleines Päckchen zu basteln mit einem kleinen Gedicht dazu; das packte man anonym ein. Alle zehn Kinder hatten für ihre Geschwister ein kleines Päckchen. Am Abend des 5. Dezember haben wir uns hingesetzt, und dann wurden alle Pakete nacheinander ausgepackt – das Papier schmiss man hinter sich. Es war ein sehr gemütliches Fest. Am Ende kam mein

Vater mit den Geschenken für meine Mutter. Sie bekam wunderbare Unterwäsche und Strümpfe oder einen schönen Pullover. Das war dann die Krönung – das war ein Ritual.

Heiligabend, am 24. Dezember, wurde mitten am Tag im Wohnzimmer der Weihnachtsbaum aufgestellt. Dann wurden die schönen Sachen vom Dachboden geholt, und wir haben gemeinsam den Baum geschmückt. Danach wurde der Tisch für das frühe Frühstück am Morgen nach der Kirche gedeckt, denn nach der Mitternachtsmesse wurde gefrühstückt. Nach dem Frühstück gingen wir schlafen, und erst nachmittags gab es das große Weihnachtsdinner mit selbst gemalten Menükarten. Das waren wunderbare Familienfeste. Das ganze Haus war geschmückt, und es duftete nach Wildbraten.

Ich hatte zu keiner Schwester eine besondere Nähe. Wir waren alle sehr individuell, und obwohl wir so viele waren, war jeder sehr für sich. Innerhalb der Familie hatte man Schwierigkeiten, Dinge preiszugeben oder intime Gespräche zu führen, weil man nie wusste, wie das irgendwann ausgespielt werden würde. Unter uns gab es eine starke soziale Kontrolle. Wenn die Eltern verreist waren, hatten wir heftige Diskussionen und Auseinandersetzungen darüber, dass man sich an die Spielregeln zu halten hätte, damit alles weiterhin so funktionierte, als wären die Eltern da.

Die Konkurrenz unter den Mädchen war, was Äußerlichkeiten anbelangte, besonders groß. Meine drei Jahre ältere Schwester Annelies war als Kind eine richtige Schönheit – wunderbare Haare, eine tolle Figur, überall beliebt, sehr lustig. Ich war nicht unbedingt ein schöner Teenager.

Ich bin stark kurzsichtig, hatte eine Kassenbrille und eine Pony-Frisur – nicht so einen schönen langen Pferdeschwanz wie Annelies. Ich fing erst mit 16 Jahren an, mich körperlich zu entwickeln und sah meine anderen Schwestern in Brigitte-Bardot-Kleidern mit eng eingeschnürter Taille und weiten Petticoats herumlaufen. Ich habe sie sehr beneidet, weil mir das alles nicht stand.

Wir hatten eine Hausschneiderin, die fast jeden Montag kam, und wir hatten ein Sonntagskleid für den Sommer und eins für den Winter. Ich bekam sehr oft die abgelegten Kleider meiner älteren Schwestern. Manchmal fand ich das sehr schön, aber ich fand immer, dass ihnen alles viel besser stand als mir. Sie hatten auch tolle Freunde. Mareike zum Beispiel hatte Freundschaften mit Jungs, die waren derart schön – das waren Idole, und Annelies hatte die schönsten Jungs aus den Parallelklassen.

Ich habe meine Schwester Mareike bewundert, weil sie eine Art hatte, die ich sehr erstrebenswert fand – ruhig, ausgeglichen und zielstrebig. Sie ging als Erste von uns ins Ausland als Au-pair-Mädchen. Ich fand das unglaublich, dass sie es geschafft hatte, aus dieser Familie herauszugehen. Mit Mareike habe ich bis in die heutige Zeit ein gutes und enges Verhältnis. Neben meiner jüngsten Schwester Marlène habe ich mit ihr den engsten Kontakt.

Ich habe auch Elly, die Älteste, meine Halbschwester, sehr bewundert. Besonders, weil sie sich getraut hat, sich abzugrenzen. Sie hatte ganz oben unterm Dach ein Zimmer und hat sich sehr früh zurückgezogen. Elly mochte ich sehr gerne, sie hatte so etwas Ruhiges, und ich war traurig, als sie heiratete.

Zu Tonny hatte ich ein ambivalenteres Verhältnis, weil sie oft als meine Mutter auftrat und mir auch manchmal ein paar Ohrfeigen verpasst hat. Sie war temperamentvoll und manchmal ein bisschen unberechenbar. Ich wusste nie, woran ich mit ihr war. Sie hat einen Sohn verloren, und da hat es eine Krise zwischen uns gegeben, aber ich glaube, das hat sich jetzt etwas gelegt. Unsere Beziehung ist etwas leiser, etwas ruhiger geworden. Tonny braucht noch Zeit für sich, um mit diesem Verlust fertig zu werden; da muss man als Schwester einfach Geduld haben und abwarten.

Annelies ist ein Schmetterling für mich gewesen – schön, bunt, schillernd. Sie flatterte in der Familie herum und hat sehr gut für sich selber sorgen können. Sie labte sich am Nektar, das war für mich manchmal bitter, aber später habe ich es einfach akzeptiert. Sie hat sich früh überlegt, wie sie aus der Familie herauskommen kann, ohne sich allzu sehr anstrengen zu müssen und hat dann verhältnismäßig jung gut geheiratet. Auch als sie schon zwei Söhne hatte, hat sie immer dafür gesorgt, dass sie auf ihre Kosten kam. Sie parkte die Kinder bei meiner Mutter und verschwand in die Stadt, so, wie sie es früher mit meinem Vater gemacht hatte. Auch da verschwand sie ab und zu mit ihm in die Stadt und kam mit einem neuen Pullover zurück.

Ich habe versucht, zu Annelies Kontakt zu halten, aber sie führte doch ein ganz anderes Leben. Sie hat gesellschaftliche Kreise gesucht, die mir gar nicht wichtig waren. Und sie hat deutlich gemacht, dass sie sich von der Familie, zumindest von mir, distanziert hat, und damit konnte ich ganz gut leben. Aber in der Kindheit war ich schon sehr eifersüchtig auf sie.

Josephine hat es bestimmt nicht leicht gehabt mit mir als älterer Schwester. Sie hat sich ihre eigenen Wege gesucht, um innerhalb dieser riesigen Familie – und mit mir als älterer Schwester – einigermaßen über die Runden zu kommen. Darum fühlte ich mich mein Leben lang ein bisschen verantwortlich für sie und habe versucht, ihr zu helfen, wenn ich merkte, dass sie mal wieder in der Klemme steckte. Als Kind hat sie in einer bestimmten Art und Weise rebelliert. Aber sie war eine hervorragende Sportlerin, eine richtige Sportskanone. Später sind so viele Sachen in ihrem Leben passiert, und dann hat sich ihr ganzes Leben gewandelt. Josephine ist ja sehr krank gewesen, und da habe ich gemerkt, dass ich ihr doch sehr viel näher stehe als ich dachte. Als ich glaubte, sie sei so krank, dass ich sie vielleicht gar nicht mehr wiedersehe, habe ich ihr sagen können, dass sie nie vergessen darf, dass ich sie liebe, so wie sie ist – das ist sehr ungewöhnlich in unserer Familie.

Es gibt ein Foto von mir, auf dem ich furchtbar weine. Das war, als Marlène geboren wurde. Alle stürzten sich plötzlich auf dieses Kind, und ich erinnere mich an das Gefühl: Nun bist du noch mehr allein. Aber wir waren doch alle sehr stolz. Marlène war ein sehr schönes Kind mit großen Augen. Wir haben sie überall vorgezeigt. Noch als Baby haben wir sie in den Puppenwagen gesetzt und sind mit ihr herumgefahren; sie hat sich das alles gefallen lassen. Sie wurde von Schoß zu Schoß weitergereicht. Sie hat sich lange geweigert zu gehen, weil sie ständig getragen wurde.

Marlène war die Jüngste, das Nesthäkchen, und sie durfte auch ganz lange bei meiner Mutter im Bett schlafen. Die Kinder schliefen eine Zeit lang im Zimmer der Eltern. Da war eine Nische mit einem runden schönen Bleiglasfenster, und da stand die Wiege.

Unten war das Büro, im ersten Stock waren der Schlafraum der Eltern, Badezimmer, Kinderzimmer, Küche, das durchgehende Wohnzimmer mit einem Kamin, Terrassen und noch ein Balkon und darüber zwei Stockwerke mit den Schlafzimmern der anderen Kinder.

Als Marlène zu uns nach oben musste, ist sie oft nachts aufgestanden und zu meiner Mutter ins Bett gegangen; das haben wir auch geduldet. Sie wurde von allen geliebt, aber den engsten Kontakt hatte sie zu Mareike.

Eine Zeit lang war das für mich ein Problem. Als wir älter wurden, habe ich das einmal deutlich formuliert, und da waren sie ganz erstaunt, weil sie es gar nicht so gemerkt hatten. Damit kann ich aber inzwischen auch umgehen.

Ich bin einen Weg gegangen, der ziemlich ungewöhnlich ist. Ich habe mich für ein freiberufliches Leben ohne Kinder entschieden. Nur Mareike und Marlène haben einmal gesagt, dass sie toll finden, was ich aus meinen Talenten mache, aber es gab einige Schwestern, die mich wieder in die Ecke von damals drängen wollten – keinen Busen, Schnittlauchhaare, dicke Brille.

Zu meinen Schwestern hätte ich gerne mehr Kontakt, weil sie mir doch sehr fehlen. Obwohl ich schon so lange hier in Deutschland lebe, sind meine Wurzeln immer noch in den Niederlanden – sprachlich, kulturell und auch emotional –, und meine Schwestern spielen eine größere Rolle als ich glaubte.

Ich habe mal ein Buch geschrieben; das heißt auf Niederländisch: Ich gehöre nicht nur mir selbst. Das ist es genau, was uns immer noch so miteinander verbindet; zumindest ich habe ein sehr starkes Band zu allen Schwestern, und ich würde mir wünschen, dass wir uns öfter treffen.

Es wäre auch im Sinne meiner Mutter, die immer versucht hat, uns durch kleine Feste wie Sankt Nikolaus oder das Dinner zu Weihnachten zusammenzuführen. Sie hat sich immer nach Harmonie gesehnt und hat gehofft, dass wir uns alle gut miteinander verstehen.

Ich glaube, das ist eine Utopie, die Realisierung wird es nicht geben. Wir sind so unterschiedlich, aber ich habe Glück, dass ich wenigstens zu zwei Schwestern so einen guten Draht habe. Dafür bin ich sehr dankbar.

Elly Op de Laak

Es ist sehr schwierig für mich, über meine Kindheit zu sprechen, und ich habe ein wenig Angst davor. Die Erinnerungen sind nicht sehr angenehm, und ich möchte nicht mehr daran rühren. Es ist rund 50 Jahre her, seit ich von zu Hause ausgezogen bin, und mein Leben hat eigentlich erst begonnen, als ich geheiratet und eine eigene Familie gegründet habe.

Ich bin die Älteste der zehn Geschwister; meine Mutter starb bei meiner Geburt. So sind also die neun jüngeren Geschwister meine Halbgeschwister, und unsere Mutter ist meine Stiefmutter. Ich fühlte mich immer sehr alleine und hatte keine Vertraute in der Familie, nicht unter den Schwestern, und auch die Mutter war mir nicht nah. Ich erinnere mich, dass ich ein Zimmer für mich alleine unter dem Dach hatte, und dahin zog ich mich oft zurück.

Ich war sechs Jahre alt, als meine erste Schwester, Tonny, geboren wurde, und die jüngste, Marlène, ist 20 Jahre jünger als ich. Ich war schon Krankenschwester, als sie geboren wurde und lebte zu der Zeit im Schwesternheim. Ich bin seit 43 Jahren verheiratet, und mein Leben gehört meinem Mann Jan, den fünf Kindern und ihren Partnern und den zwölf Enkelkindern. Das ist meine Welt, und die Schwestern haben darin wenig Platz. Wir haben so gut wie keinen Kontakt. Dieses Treffen hier mit den Schwestern finde ich ganz schön, und in gewisser Weise fühle ich mich auch dazugehörig, aber meine Geschwister und die Zeit vor meiner Heirat gehören nicht zu meinem Lebensalltag.

Mareike Schins

Von uns zehn Geschwistern bin ich als vierte nach zwei älteren Schwestern und einem Bruder geboren. Meine Eltern hatten es schwer mit zehn Kindern, aber ich denke, dass unsere Kindheit nicht schlecht war. Ich erinnere mich noch gut an die Kriegszeit, wenn wir uns nachts anziehen und mit einem Rucksack in den Keller mussten. Aber nach dem Krieg ist unser Vater mit uns ins Theater und ins Konzert gegangen.

Es gab keinen Luxus, aber wir sind alle zu einer guten Schule gegangen. Ich war die Erste, die das Abitur gemacht hat, und meine Eltern haben mir sehr viel Verantwortung auf meine Schultern geladen. Sie dachten wohl, ich könnte das am besten aushalten.

Wir waren zwölf am Tisch, und am Wochenende waren es oft 20. Da musste alles streng geregelt sein, man konnte nicht erlauben, dass der eine um sechs, der andere um viertel nach sechs und der dritte um halb sieben kommt. Nein, um Punkt sechs. Und sicherlich wurde bestraft, wer später kam. Disziplin war oberstes Gebot, mein Vater war sehr streng mit uns.

Mein Vater war Direktor, und jeder kannte die Familie. Es hieß immer: Das kannst du nicht tun, das darfst du nicht, denn du heißt Schins. Es war schwer, wenn man anders war als die anderen. Das gilt auch heute noch. Wenn meine Mutter Sorgen hatte, kam sie mit ihren Problemen zu mir. Schon als Kind habe ich mich für die ganze Welt verantwortlich gefühlt. So war ich. Das war sehr schwer. Aber ich bin 1990 in Therapie gegangen, und da habe ich viel gelernt.

Meine Mutter hat nie darüber gesprochen, aber ich denke, dass Marlène und ich ihre Lieblingskinder waren. Mein Vater hatte eindeutig seine Lieblingskinder; er hat die Annelies sehr verwöhnt, sie war sein Ein und Alles. Und Tonny wohl auch, sie war ihm sehr ähnlich. Wahrscheinlich hat schon damals Hass und Neid unter uns Kindern begonnen. Über Konflikte wurde nicht gesprochen, und immer ist es in unserer Familie schwierig gewesen.

Mit Marlène habe ich die größte Nähe. Sie ist zwölf Jahre jünger, und als ich verheiratet war, kam sie häufig zu Besuch. Wir haben uns all die Jahre gegenseitig unterstützt. Als sie 1985 erfuhr, dass ihr Mann homosexuell war und sie verlassen wollte, bin ich gleich zu ihr gefahren. Auch ich war mit meinem kleinen Sohn gerade von Paul wegen meiner besten Freundin verlassen worden. Ich weiß, was das ist: Seelenschmerzen. Meine Mutter war gestorben, und als ich abends von der Beerdigung nach Hause kam, sagte er, er habe ein Appartement in Delft.

Zu den anderen Schwestern hatte ich nie wirklich Nähe. In unserer Familie war jeder für sich, wir haben nicht zusammengehalten und waren nicht sehr liebevoll miteinander. Ich habe immer gesagt, was ich dachte, auch zu meinen Eltern, aber das gab Konflikte, denn das durfte man nicht. Josephine kann nicht sagen, was sie fühlt, das hat sie von meinem Vater, aber jetzt lernt sie es ein wenig.

Mit Thérèse habe ich guten Kontakt. Ich besuche sie manchmal in Hamburg. Ich habe sie dafür bewundert, dass sie es durchgesetzt hat, das zu machen, was ihr Spaß machte. Ich wollte eigentlich Innenarchitektur studieren, aber mein

Vater wollte, dass ich Sekretärin werde, also habe ich gehorcht. Es war schrecklich für mich. Erst jetzt habe ich eine Arbeit, die mir Spaß macht.

Als ich merkte, wie krank meine Mutter war, überredete ich sie, ein Testament zu machen: Ich kenne meine Geschwister, schreib alles auf, wie du es haben möchtest. Am Anfang war sie böse, schließlich hat sie es doch gemacht. Als einer meiner Brüder erfuhr, dass er nicht bekam, was er wollte, überredete er meine Mutter, zu seinen Gunsten noch etwas zu ändern. In der Nacht, als sie gestorben war, holte er die Sachen aus der Wohnung meiner Eltern. Mit diesem Bruder will ich nichts mehr zu tun haben.

Durch die Therapie habe ich erkannt, dass in der Kindheit entsteht, wie man ist. Meine Sicht- und dadurch auch meine Lebensweise haben sich geändert. Ich bin froh, dass ich die geworden bin, die ich heute bin.

Josephine Schins

Unsere Familie ist groß: Ich habe sechs Schwestern und drei Brüder. Ich bin als Achte geboren. Wenn ich nur uns Schwestern zähle, bin ich die Vorletzte. Ich fand eine große Familie schön, weil wir immer viele Freunde zu Besuch hatten.

Marie-Thérèse, Marlène, Werner und ich waren die vier Jüngsten. Die anderen waren viel älter und glaubten, sie könnten uns bevormunden. Thérèse, die drei Jahre älter als ich war, habe ich bewundert, weil sie so kreativ war. Sie konnte malen und Gedichte schreiben, das habe ich nie gekonnt. Unsere Eltern waren streng, und natürlich habe ich auf sie geschimpft.

Mein Vater hat sich wenig um unsere Erziehung gekümmert. Ich hatte Angst vor ihm. Ich war ja ziemlich frech, und er kam dann immer hinter mir her. Später habe ich ihn etwas anders gesehen. Ich habe ihn bewundert und auf ein Podest gestellt.

Meine Mutter war, als sie älter wurde, aufgeschlossener. Als mein Vater starb, war sie noch jung, erst 60, und dann hat sie sich sehr um uns bemüht. Sie ist mit den kleinen Enkelkindern gewachsen und war eine richtig gute Mutter und Oma.

Natürlich hatten die Eltern Lieblinge, aber ich gehörte nicht dazu. Für meine Mutter waren es Mareike, Marlène und Marie-Thérèse, und für meinen Vater waren es Tonny und Annelies. Nicht, dass meine Eltern böse zu mir waren, aber ich war eben nicht ihr Liebling.

Ich sah mich als das schwarze Schaf der Familie, weil ich von der Schule geflogen bin, und weil alle sagten, ich wäre so frech. Ich bin bis zu meinem 23. Lebensjahr zu Hause geblieben, eigentlich nur, weil ich nicht eher von meinem Vater weg durfte. Ich hatte mich in Österreich bei einem Kurarzt beworben und war angenommen worden, aber ich musste absagen. Ich durfte nur in eine kleine katholische Stadt, hier in Holland. Über Thérèse habe ich dann eine Stelle in Deutschland bei einem Landarzt im Harz gefunden.

Marlène war mit 18 schon fertig; sie hat hier in Holland als Chefsekretärin gearbeitet und schon vor mir ihre eigene Wohnung gehabt. So ein Unterschied war das zwischen uns, und darüber habe ich mich geärgert.

Seit meine Mutter nicht mehr lebt, hat man sich so ziemlich auseinandergelebt.

Mit Marlène, der Jüngsten, habe ich heute den meisten Kontakt. Mit ihr habe ich in der letzten Zeit ziemlich viel gesprochen. Wie das früher war, weiß ich nicht mehr genau; ich weiß, dass wir im selben Kinderzimmer schliefen und dass ich neidisch auf sie war, weil sie sehr gut lernen konnte und wenig dafür tun musste. Ich habe leider mein Abitur nicht geschafft, weil ich faul war und von zwei Schulen geflogen bin; danach durfte ich nicht mehr weiter zur Schule gehen. Das war mein Schicksal. Später habe ich es bedauert, dass ich die Schule nicht beendet habe.

Meine Schwester Elly ist die Älteste von uns. Sie hat ihr eigenes Leben, aber nicht, weil wir Streit haben; sie lebt ganz in ihrer eigenen Familienwelt. Ich habe sie einmal an einem Sonntag besucht; da war ich als Einzige aus der Familie da, und sie hat sich sehr gefreut.

Den meisten Kontakt habe ich mit Marlène, Mareike und Marie-Thérèse; die haben mich auch sehr oft angerufen.

Tonny sehe und spreche ich in unregelmäßigen Abständen. Mit Annelies habe ich von Anfang an viel Kontakt gehabt. Wir haben oft telefoniert, und dazwischen haben wir uns dann noch gesehen.

Ich war dieses Jahr sehr krank, und da haben die Schwestern viel für mich getan.

Marlène hat meinen Sohn aufgenommen. Er ist 20 und hatte natürlich Angst um mich. Sie hat sich sehr um ihn gekümmert. Marlène war auch die Kontaktperson im Krankenhaus.

Ich hatte eine Psychose, bin unter Zwang in die Psychiatrie eingeliefert worden und habe unter Aufsicht fast 14 Tage isoliert in einem Zimmer gelegen. Ich war eine Gefahr für mich selbst, so hieß es, nicht für andere. Ich wollte nicht mit dem Psychiater sprechen; ich war sehr verschlossen.

Sie haben mich viel über früher gefragt, und ich habe nie Antwort darauf geben wollen; darum ist Marlène eingeladen worden. Ich habe in der Zeit überhaupt sehr wenig gesagt und nicht einmal geweint. Weil ich dachte, alles wäre vergiftet, habe ich nicht mehr gegessen und getrunken, und ich habe mir eingebildet, dass überall Kameras wären, die alles von mir aufnehmen.

Die Psychose ist wahrscheinlich ausgebrochen, als ich erfahren habe, was für eine schlimme Krankheit ich habe – da bin ich durchgedreht. Ich war drei Monate im Krankenhaus und habe 40 Bestrahlungen bekommen. Das ist glücklicherweise vorüber.

Jetzt esse ich gut und lebe gesund. Natürlich geht es mir nicht immer gut. Wenn ich morgens wach werde, habe ich manchmal große Angst, und dann fühle ich mich schrecklich, aber da muss man durch.

Den Kontakt mit den Geschwistern finde ich eigentlich wichtig. Auch wenn man sich nicht sieht, kann man sich anrufen. Man erzählt seinen Schwestern natürlich nicht alles, dafür habe ich meine Freundinnen; mit denen bespreche ich intimere Dinge. Alle zusammen sehen wir uns heute selten. Es gibt Grüppchen in der Familie, aber ich gehöre zu keiner Gruppe. Ich gehe zu jedem hin, wenn es sein muss, oder wenn ich es will. Wenn ich Geburtstag habe, kommen einige. Von mir aus können auch alle kommen, das ist mir egal, je mehr, umso besser.

Als meine Mutter noch gelebt hat, trafen wir uns immer am ersten Weihnachtstag. Alle zusammen – wir Kinder, dazu die Männer und Frauen und die Enkelkinder – waren wir 38 Personen. Zum Schluss hat meine Mutter nur noch für die drei Jüngsten gekocht, für Marlène, Werner und mich; da waren die anderen ein bisschen neidisch.

Jetzt ist für mich persönlich Weihnachten nicht mehr so schön, weil ich alleine bin. Mein Sohn und ich essen Heiligabend zusammen und machen es uns gemütlich. Aber am ersten Weihnachtstag kann ich schon fast nichts mehr essen, da kommt alles hoch. Ich pflege den Kontakt zu allen, das mach ich gerne, und wenn sie nicht zu mir kommen, dann besuche ich sie; das macht mir nichts aus. Ich fühle mich mit ihnen schwesterlich verbunden; ob es Schwesternliebe ist, das weiß ich nicht genau.

Marlène Schins

Als Jüngste von zehn Geschwistern hatte ich immer das Gefühl, ich hätte mindestens elf Eltern. Außer Werner und Josephine, die ja nicht so viel älter als ich sind, wurde ich von allen anderen mit erzogen.

Ich war wohl auch ziemlich frech, weil ich das Gefühl hatte, ich müsste mich verteidigen. Ich war klein und dünn, aber wollte als Jüngste in einer so großen Familie unbedingt meinen Platz behaupten.

Natürlich wurde ich verwöhnt, und natürlich durfte ich mehr und länger ausgehen als die Älteren, und als ich verlobt war, durfte mein Verlobter bei mir im Zimmer schlafen, was den Älteren nie erlaubt war.

Meine Mutter habe ich sehr geliebt. Sie war eine tolle Frau. Es war für mich sehr schwer, als sie starb. Im März wurde ich geschieden, im Juli wurde sie krank, und im September, einen Tag nach meinem Geburtstag, ist sie gestorben. Das konnte ich kaum ertragen. Das Jahr möchte ich eigentlich auslöschen.

Das Schwerste war damals, dass sie gerade in dem Jahr ausfiel, in dem ich sie so sehr gebraucht hätte. Sie lag im Koma; ich saß an ihrem Bett und war böse, dass ich nicht mehr mit ihr reden konnte. Ich habe sie jeden Tag im Krankenhaus besucht.

Früher habe ich jeden Tag angerufen. Ja, sie war sehr wichtig für mich. Ich weiß, dass ich eine von ihren Lieblingen war, das weiß ich ganz sicher. Sie hat es uns nicht so gezeigt, aber ich hatte nun mal ein sehr enges Verhältnis zu ihr.

Als Jüngste durfte ich ein Jahr später in den Kindergarten gehen. Ich wollte nicht ohne meine Mutter sein und konnte keine Nacht irgendwo anders schlafen; so sehr hing ich an ihr. Erst als ich in die Pubertät kam, war das vorbei.

Mein Vater war schon 51, als ich geboren wurde. Er war für mich mehr Großvater als Vater. Er hat immer gearbeitet, und wenn er nach oben kam, musste er eine Stunde schlafen, und wir durften nicht laut sein. Er war nie für mich da.

Als ich so 17 Jahre alt war, wurde er pensioniert; da war er ein alter Mann. Ich hatte täglich Krach mit ihm. Abends ging der Fernseher an, und er fing an zu schnarchen. Reden konnte man nicht mit ihm, über nichts. Als er nicht mehr gearbeitet hat, war sein Leben eigentlich vorbei.

In der Familie wurde nicht über Konflikte gesprochen. Das ist heute eigentlich noch immer so, oder wenn, dann redet man mit jemand anderem darüber, und das ist natürlich schlecht.

Als Kind standen mir mehrere Schwestern nahe, aber das ist schon über 20 Jahre her. Die Annelies war früher sehr nett und geduldig mit mir. Ich erinnere mich, dass sie und auch Elly mir manchmal schöne Kleider gekauft haben. Die größte Nähe hatte ich aber zu Mareike, obwohl sie zwölf Jahre älter als ich war.

Heute hat sich meine Situation in der Familie sehr gewandelt. Ich fühle mich manchmal mehr als eine von den älteren Schwestern.

Elly sehe und spreche ich sehr selten. Wenn wir uns treffen, so wie heute, finde ich immer noch, dass sie eine liebe Frau ist. Sie hat ihr Leben und ich habe meins.

An zu Hause mit ihr habe ich wenig Erinnerung. Sie heiratete, als ich fünf oder sechs Jahre alt war. Sie hatte einen netten Verlobten, den hatte ich sehr lieb. Ich erinnere mich daran, als sie ihn das erste Mal zu Hause vorstellte. Er kam an einem Sonntagnachmittag, und wir mussten alle im Kinderzimmer bleiben. Natürlich versuchten wir trotzdem zu sehen, wie er aussah; das war sehr aufregend.

Später wohnte ich in den Ferien manchmal ein paar Tage bei ihnen. Das gefiel mir sehr, weil ich dort einziges Kind war, was ich ja zu Hause nie war.

Tonny war, als sie noch zu Hause wohnte, strenger mit uns und ihr Verlobter auch, vor dem ich als Kind ein bisschen Angst hatte. Als sie verheiratet waren, war ich auch öfter bei ihnen zu Besuch.

Ich glaube, sie hat zu mir ein spezielles Verhältnis, vielleicht, weil ich ihr Patenkind und die jüngste Schwester bin. Ich glaube, sie macht sich viele Gedanken um mich.

Zu Annelies habe ich kaum noch Kontakt. Früher, als sie verheiratet war, wohnte sie zwölf oder 13 Kilometer von Venlo entfernt, und ich ging oft zum Babysitten zu ihr. Dann hat sie mich verwöhnt, und es war immer sehr gemütlich bei ihr; ich war gerne dort. Unser Kontakt ist aber immer seltener geworden.

Als ich geschieden war, ist sie einmal mit ihrem Mann zu mir zu Besuch gekommen, und ich habe versucht, ihr zu erklären, wie mein Verhältnis zu meinem Exmann war. Frank und ich waren immer noch sehr viel zusammen, und er war fast jedes Wochenende bei mir. Als drei Monate später meine Mutter starb, fanden es alle Geschwister selbstverständlich, dass Frank mit auf der Todesanzeige und auf dem Brief stand. Nur Annelies und Felix und mein Bruder Hans wollten nicht zusammen mit Frank genannt werden und haben eine eigene Anzeige in der Zeitung aufgegeben. Seitdem verhalte ich mich zurückhaltend.

Allerdings finde ich es schade, dass Annelies heute nicht dabei ist – wir sind ja sieben Schwestern.

Wenn ich ganz ehrlich bin, habe ich nur eine Schwester, der ich nah sein möchte, und das ist Mareike. Ich weiß, dass Thérèse mit mir auch engen Kontakt hat, aber mit Mareike verbindet mich etwas Spezielles.

Wir sind auf einer Wellenlänge; ich brauche nur ein halbes Wort zu sagen, und sie versteht mich. Ich habe zu ihr ein sehr liebevolles Verhältnis. Ich freue mich, wenn sie hier ist, und ich finde es immer schade, wenn sie geht.

Mit Thérèse ist es anders. Ich freue mich auch, wenn sie kommt, aber wenn sie geht, ist es auch gut; sie braucht soviel Aufmerksamkeit. Mareike gehört einfach dazu; Thérèse ist zu Gast. Thérèse ist viel mehr mit sich selbst beschäftigt. Ich akzeptiere das; so war sie immer, und so wird sie auch immer bleiben.

Josephine ist mein Sorgenkind; das war sie schon, als ich 15 und sie 20 war. Für sie ist es schwierig, ehrlich zu sein, weil sie Angst davor hat, was andere Leute von ihr halten könnten.

Als sie in Deutschland verheiratet war, rief sie öfter an, wenn es Probleme in ihrer Ehe gab. Dann sind Frank und ich freitags nach der Arbeit 500 Kilometer gefahren und haben versucht, das mit den beiden wieder hinzukriegen.

Manchmal stieg sie auch ins Auto, kam zu uns und blieb mit ihrem kleinen Sohn einige Zeit. Ich habe immer versucht, für sie die Probleme zu lösen.

Ich selber habe wenig Hilfe in der Familie gehabt. Als Pim drei Monate alt war, hat Frank mir gesagt, dass er schwul ist. Er ging mit Männern aus, und ich saß abends mit dem Baby zu Hause. Marei hat mich oft angerufen und wollte etwas mit mir unternehmen. Ich konnte es ihr nicht sagen.

Einmal war ich am Wochenende bei einer Selbsthilfegruppe mit Frauen und Männern, die einen homosexuellen Partner haben, und da hat Marei zufällig bei Frank angerufen und erzählt, sie hätte im Kino einen schönen Film gesehen. Er handelte von einer Frau, die mit einem schwulen Mann verheiratet war. Da hat Frank gesagt: Ja, genauso wie bei uns. Sie war dann natürlich sehr erschrocken, und seitdem hat sie mir geholfen.

Die anderen haben es erst drei Jahre später, kurz vor der Scheidung, erfahren. Meine Mutter hatte es schon ein Jahr lang vermutet, hat aber nicht gewagt, mich zu fragen, weil sie Angst hatte, dass ich es gar nicht wüsste.

Einige von meinen Geschwistern haben nicht sehr nett reagiert, als sie gehört haben, dass Frank schwul ist.

Ich habe mich immer gefreut, wenn wir sonntags oder Weihnachten oder Sankt Nikolaus alle bei meiner Mutter zusammen waren, und ich versuche, auch hier im Haus mehrere von uns zusammenzubekommen.

Manchmal ist Thérèse über Weihnachten hier gewesen, und Mareike ist jedes Jahr hier. Dann schmücke ich das Haus und den Tisch so wie früher.

Am ersten Weihnachtstag koche ich fünf oder sechs Gänge, wie früher zu Hause, und dann essen wir stundenlang. Und morgens zum Weihnachtsfrühstück bekommt die Butter mit einem Löffel Röschen in die Mitte, genau wie bei meiner Mutter.

Aber so ein richtiges Gemeinschaftsgefühl habe ich nicht mehr.

Tonny Clabbers

Ich bin die zweitälteste Schwester von sieben und habe als ältere eigentlich immer Verantwortung für die jüngeren gehabt.

Jeden Morgen um halb acht mussten wir in die Kirche gehen und danach wieder nach Hause zum Frühstücken. Eine von uns hatte immer das Frühstück zu machen. Dafür mussten wir einen großen Kessel Brei kochen. Alles war geregelt, aber das war auch notwendig. Ein Haushalt mit zwölf Personen musste gut organisiert sein. Wir hatten ein oder zwei Dienstmädchen; eins war Tag und Nacht da, und das andere kam halbtags. Montags wurde den ganzen Tag unten im Keller gewaschen.

Mein Vater und ich hatten ein gutes Verhältnis. Er konnte zwar auch sehr böse werden, aber das waren die fünfziger Jahre. Mich hat das nie gestört. Ich habe immer gespürt, dass ich sein Liebling war. Ich habe ihn schrecklich geliebt, warum, weiß ich nicht. Ich denke, wir waren uns ähnlich. Wir haben nicht viel geredet. Wir hatten einander. Für mich war es ein Schock, als er gestorben ist. Aber ich habe es auch akzeptiert. Er wollte nicht mehr, er war krank und müde. Als er die letzten Monate im Krankenhaus lag, bin ich jeden Tag zu ihm gefahren. Ich glaube, dass keine von meinen Schwestern das gemacht hat, auch die Annelies nicht.

Zu meiner Mutter hatte ich ein anderes Verhältnis. Sie war streng zu mir. Sie wurde anders, als ich verheiratet war und Kinder hatte. Sie war sehr lieb mit ihren Enkeln, und ich konnte sie ihr jederzeit bringen.

Mareike, Annelies und ich sind zusammen aufgewachsen, zusammen in die Schule gegangen, und wir haben auch zusammen Geburtstagsfeste gegeben. Aber jede hatte ihre eigenen Freunde. Eine Vertraute habe ich unter den Schwestern nicht gehabt. Ich hatte immer Sorge um meine jüngeren Schwestern. Wir drei – Marei, Annelies und ich – waren innerhalb von fünf Jahren geboren worden, aber die Kleineren sind von meiner Mutter immer mir zugeschoben worden. Wenn wir am Sonntag schwimmen gingen, hatte ich eine Schwester vorne auf dem Fahrrad und eine hinten: Josephine und Marlène oder Josephine und Thérèse. Ich war ein wenig wie die zweite Mutter.

Elly ist mit 18 Jahren aus dem Hause gegangen; da war ich zwölf. Sie arbeitete in einem Krankenhaus, und ich habe sie öfter besucht. Das war natürlich ganz toll für mich, weil sie schon alleine wohnte. Elly und ich und auch Mareike sind noch sehr streng erzogen worden. Die Jüngeren durften schon viel mehr. Ich musste noch um zwölf Uhr zu Hause sein, als ich bereits verlobt war.

Von unserem zehnten bis sechzehnten Lebensjahr hatten wir alle Klavierunterricht. Der Lehrer war ein Onkel meiner Mutter. Er war schon ziemlich alt und ist während des Unterrichts immer eingeschlafen, und wir haben darüber gelacht. Mein Vater konnte gut Klavier spielen, und Marei und Josephine haben das Klavierspielen auch gut aufgenommen, aber ich fand es schrecklich, wirklich schrecklich.

Als ich 20 war, bin ich in die Schweiz gezogen. Dort war ich am Anfang sehr alleine. Die Sprache war schwierig, aber bald hatte ich Kontakt mit einer netten Kollegin. Mein Vater war stolz auf mich und hat mir jede Woche einen Brief geschrieben. Mareike hat mich einmal in den Ferien besucht und Annelies auch.

Ich war von Beruf Apothekergehilfin. Der Beruf hat mir sehr gefallen, aber nach meiner Heirat habe ich nicht wieder in meinem Beruf gearbeitet. Später habe ich meinem Mann Frans in seinem Geschäft geholfen, und als wir in Horst wohnten, habe ich fast 20 Jahre halbtags als Sekretärin an einer Schule gearbeitet.

Am Herzen lag mir Marlène; sie war so klein, und sie war mein Patenkind. Ich habe sie oft mitgenommen. Auch heute habe ich ein gutes Verhältnis zu ihr. Früher war sie verwöhnt, aber heute habe ich großen Respekt vor ihr. Sie ist sehr erwachsen geworden. Sie macht viel, kann viel, und sie ist sehr stark.

Als mein Sohn Frank sich das Leben genommen hat, hat sie mir sehr geholfen. Ich konnte immer zu ihr kommen, und sie ist auch zu mir gekommen. Jetzt ist sie sehr gut verheiratet; sie kommt manchmal vorbei, dann reden wir eine Stunde, und dann geht sie wieder. Mareike ruft öfter an, und mit Annelies kann ich auch gut.

Ich habe Kontakt zu allen Brüdern und Schwestern – ich habe mich immer für alle verantwortlich gefühlt. Josephine habe ich früher immer beschützt, genau wie Marlène. Ihr Sohn ist in den ersten zehn Jahren sehr oft bei mir gewesen. Als Josephine dann Krebs bekam, saß ich gerade im Rollstuhl. Trotzdem haben Marlène und ich das meiste gemacht; ich habe die Wäsche mitgenommen, und wir haben Josephine gemeinsam verwöhnt.

Elly war immer für sich. Sie fühlte sich wohl nur als Halbschwester. Wir haben das aber niemals so empfunden, auch meine Mutter nicht, denn als meine Mutter gestorben ist, hat sie alles, was mein Vater in die Ehe mitgebracht hatte, Elly vererbt. Elly war diejenige, die, als meine Mutter so krank war, gesagt hat: Sie kann zu mir nach Hause kommen, ich pflege sie. Und das hat sonst keine von uns gesagt.

Annelies und ich können gut miteinander reden, aber sie ist ganz anders als ich. Sie wurde von meinem Vater richtig verwöhnt, sie durfte alles. Ich habe mit den Schwestern ein gutes Verhältnis.

Nach dem Tod von Frank sind alle gekommen, nur Thérèse erst nach vier Monaten. Sie hätte gleich kommen sollen, aber sie sagte, sie hätte so viel Arbeit. Sie ist am Abend vor der Beerdigung aus den Ferien zurückgekommen und konnte zur Beerdigung dann nicht kommen. Dann hätte sie aber den Tag danach kommen müssen. Sie kam nicht, und das hat mich verletzt. Ich habe es ihr im vorigen Jahr geschrieben. Danach habe ich nichts mehr von ihr gehört, und darum denke ich, dass sie es so akzeptiert hat. Und jetzt rede ich nicht mehr darüber; es ist gesagt und erledigt.

Marie-Thérèse und ich haben eine Hassliebe miteinander. Wir haben früher oft über sie gelacht. Très spielt ganz viel Theater. Sie steht gerne im Mittelpunkt. Ich habe immer gesagt: Thérèse kommt nicht in ein Zimmer, nein, sie tritt auf.

Die Großfamilie war gut für mich, denke ich. Als mein erstes Kind geboren wurde, brauchte ich nicht mehr zu lernen, wie ich es wickeln muss. Ich kann mit jedem umgehen, und ich habe gelernt zu teilen.

Heute heißt es immer noch: Ton mach das, Ton tu das, und dann mache ich es auch. Das ist früher entstanden, und so ist es geblieben.

Die vielen Geschwister habe ich einfach akzeptiert und manchmal auch genossen. Am ersten Weihnachtstag kamen immer alle zu meinen Eltern. Auch die Männer haben das genossen: mein Mann, der Mann von Annelies. Alle haben wir es genossen – irgendwie war man geborgen.

Ich würde gern jedes Jahr alle meine Schwestern zusammen treffen. Ich finde, dass wir uns zu selten sehen. Ich habe das an meinem Geburtstag manchmal probiert, aber einige fehlen immer.

Dagmar Schniewind-Sturtz, Petra Folger-Schwab, Bettina Tietjen (v.l.n.r.)

Die Schniewind-Schwestern

Als ich auf die Welt kam, war meine ältere Schwester schon zehn Jahre alt. In meiner Kindheit spielte sie eine ganz wichtige Rolle; ich habe sie immer bewundert und empfand es als etwas Besonderes, so eine große Schwester zu haben.

Meine konkrete Erinnerung an Tatta, wie ich sie bis heute nenne, setzt aber erst ein, als wir schon zu dritt waren – ich hatte ja bereits ziemlich früh meine kleine Schwester Dagmar im Schlepptau.

Petra war für uns so eine Art Zweitmutter, eine Respektsperson zwar, aber auch ein Kumpel, mit dem man sehr viel Spaß haben konnte. Wir sind zum Beispiel immer alle drei vom Kleiderschrank auf ihr Bett gesprungen und haben es als Trampolin benutzt. Wenn sie manchmal abends mit uns allein war, weil meine Eltern ausgegangen waren, haben wir uns heimlich angeschlichen und sie erschreckt.

Allerdings hatte sie auch manchmal Streit mit unseren Eltern, und das hat uns ein bisschen eingeschüchtert. Petra hat es nämlich gehasst, wenn meine Mutter in ihrem Zimmer aufgeräumt hat. Sie wollte ihr eigenes Reich ganz für sich allein haben. Ihr Zimmer war oben unter dem Dach; es führte eine senkrechte Leiter hinauf.

Einmal standen meine kleine Schwester und ich ängstlich am Fuß dieser Leiter und hörten Mami und Petra da oben streiten. Meine Schwester schloss meine Mutter kurzerhand im Badezimmer ein, um sie am Aufräumen zu hindern – sie lachte sich halb tot, während meine Mutter von innen wutschnaubend an die Tür hämmerte.

Wir waren natürlich viel zu klein, um das zu verstehen – ich war vielleicht vier, Dagmar zwei, und Petra war in der Pubertät.

Sie hatte es nicht immer leicht – die Mutter hatte weniger Zeit als früher, als sie noch alleine lebten; dazu kam der neue Vater und dann noch zwei Babys, um die sich Mami auch kümmern musste.

Meine Schwestern waren beide rebellischer als ich. Petra als Älteste hat uns da viel abgenommen. Obwohl mein Vater ja nicht ihr leiblicher Vater ist, hat sie als Teenager alles, was an Konflikten auftauchte, auch mit ihm ausgekämpft.

Das war echte Pionierarbeit – dadurch hatten wir es später leichter. Ich bin ja nicht so eine Kämpfernatur, eher der diplomatische Typ.

Ich hatte selten mit meinen Eltern Streit, hab aber trotzdem gemacht, was ich wollte – nur auf Umwegen. Zu Hause habe ich mich angepasst, wenn es irgendwie ging.

Wir hatten noch eine vierte Schwester. Sie ist schon mit zwei Jahren an Krebs gestorben.

Das war ein absolut einschneidendes Erlebnis für unsere ganze Familie. Für meine Eltern war es schrecklich und natürlich auch für uns, obwohl wir den Schmerz und die Sorge um das Kind nur indirekt mitbekamen. Einmal durfte ich mit ins Krankenhaus, ich habe ihr von Krankheit gezeichnetes Gesichtchen noch heute vor Augen.

Ihr Tod war für uns Geschwister dann eher eine Erleichterung. Ich war fünf, als Verena geboren wurde und sieben, als sie starb. Als Kind geht man mit dem Tod anders um, aber meine Mutter hat oft geweint, das weiß ich noch genau.

Wir machten viel als Familie zusammen, wir hatten ja keinen Fernseher. Wenn wir am Abendbrottisch saßen, wurde alles ausdiskutiert. Meine Mutter und ich redeten und redeten und ereiferten uns, und mein Vater und meine Schwester brachten die Dinge schließlich auf den Punkt.

Als Kinder haben wir immer zu Petra aufgeschaut und waren später stolz auf sie – zum Beispiel wenn wir sie in den Ferien in Münster besuchten, wo sie studierte, oder später dann in Freiburg, wo sie an einer Gesamtschule unterrichtete. Durch sie lernten wir interessante, viel ältere Leute kennen, eine ganz andere Szene war das – irgendwie aufregend.

Petra ist mit 18, nach dem Abitur, ausgezogen. Von da an waren Dagmar und ich mehr zu zweit, und das Zusammensein mit unserer älteren Schwester war etwas Besonderes. Es war immer spannend für uns, wenn sie mit ihrem Freund und späteren Mann zu Besuch kam.

Als sie – zum ersten Mal – geheiratet hat, stand das Haus vor Aufregung Kopf. In der Küche flutschte meiner Mutter der Braten aus der Blätterteighülle und knallte auf den Fußboden, während ich nebenan mit hochrotem Kopf den Gästen auf dem Klavier vorspielen musste ... Dramatische Szenen einer Reihenhaus-Jugend!

Mit den Jahren wurde der Altersunterschied zwischen Petra und uns weniger spürbar. Ich ging nach dem Abitur als Au-pair-Mädchen nach Paris. Als Petra mich dort besuchte, war sie schon wieder geschieden und ich noch immer Single – da fühlten wir uns fast gleichaltrig.

Mit Daggi war ich immer sehr eng zusammen. Wir sind fast gleichaltrig, klar, dass wir auch Auseinandersetzungen hatten.

Das ist heute natürlich anders. Da gibt es allein schon durch die räumliche Distanz wenig Gelegenheit zu streiten, es sind aber auch kaum noch Reibungspunkte da.

Früher haben wir uns immer alles erzählt. Wir hatten lange Zeit ein gemeinsames Schlafzimmer, auch als jede von uns außerdem ihr eigenes Zimmer hatte. Wir fanden es einfach schön, uns abends im Dunkeln noch erzählen zu können, was sich am Tag ereignet hatte und uns auch mal gemeinsam über die Eltern aufzuregen.

Dagmar und ich waren sehr viel zusammen, aber ich kann mich nicht erinnern, sie jemals als Konkurrentin empfunden zu haben. Später, als wir älter waren und es um Jungens ging, schon eher.

Wir haben ja während des Studiums, übrigens auch in Münster, zusammengewohnt. Da kam es schon mal vor, dass wir uns in denselben Typen verknallt haben, obwohl wir total unterschiedlich sind. Wir haben manchmal gewettet, für wen er sich wohl entscheiden würde. Ich war da eher offensiv und habe versucht, ihn für mich zu gewinnen.

Meine Schwester war mehr der abwartende, distanzierte Typ, aber sie ist ja blond und blauäugig und kam bei Jungens total gut an. So kam es häufiger vor, dass sie das Rennen machte – auch wenn ich all meine Flirtkunst angewandt hatte.

Aber zu dramatischen Szenen kam es nie – wenn ich ernsthaft verliebt gewesen wäre, hätte meine Schwester mir den Vortritt gelassen, und umgekehrt wäre es genauso gewesen.

Dagmar hat übrigens zu Hause nicht viel erzählt, sodass meine Mutter sich manchmal Sorgen um sie machte. Ich war da ganz anders, ich musste immer sofort alles loswerden, dadurch war das Verhältnis zwischen meiner Mutter und mir vielleicht ein bisschen intensiver.

Dagmar war mit ihrem ersten Freund sehr lange zusammen – schon während der Schulzeit und später während des Studiums. Ich kannte ihn natürlich auch gut; wir haben viel zu dritt unternommen. Als er nach neun Jahren Schluss machte, war das ein Schock für sie. Leider war ich genau zu der Zeit für länger in Amerika, und sie war sehr alleine damit.

Wir haben zwar telefoniert und uns auch geschrieben, aber ich hätte sie lieber in den Arm genommen. Einige Zeit später lernte sie Peter kennen, ihren jetzigen Mann.

Ich weiß noch genau, wie verändert sie plötzlich war, und ich hatte sofort das Gefühl: Das ist die große Liebe!

Peter und ich haben uns auf Anhieb gut verstanden. Es war ganz klar, dass er ein guter Typ ist und dass die beiden gut zusammenpassen. Sie war nämlich schon nach drei Monaten schwanger, und sie war sich sicher, dass sie das Kind auch bekommen wollte – obwohl sie mitten im Examen war.

Ich lebte zu der Zeit allein in Berlin, und sie besuchten mich mit dem Baby – wie habe ich sie darum beneidet! Meine kleine Schwester hatte schon ein Kind, und ich hatte noch nicht einmal einen Mann. Diese Zweisamkeit, wie wir sie in der Schulzeit und während des Studiums hatten, dieses Duo infernale – das war damit natürlich vorbei.

Wenn man eine eigene kleine Familie hat, konzentriert man sich erst einmal darauf – das ging mir genauso, als ich dann Jahre später – endlich – auch meinen Hafen gefunden hatte.

Meinen Mann habe ich übrigens durch meinen Schwager kennengelernt. Deswegen verstehen sich die beiden Männer natürlich so gut, weil sie ja schon vorher Freunde waren.

Ich könnte mir vorstellen, mit meinen Schwestern zu leben, auch wenn das nicht ohne Konflikte abgehen würde.

Wir haben glücklicherweise alle drei viel Humor und lachen sehr gern – wenn wir zusammen sind, haben wir unheimlich viel Spaß. Aber jede hat natürlich inzwischen ihren eigenen Lebensstil entwickelt.

Mit Daggi verbindet mich das Kreative. Wir mögen dieselbe Musik, dieselben Künstler, wir tanzen und malen gern – sie hervorragend, ich so lala. Aber sie ist sehr eigenwillig, was zum Beispiel ihren Haushalt angeht.

Es muss immer alles nach ihrer Nase gehen – der Stuhl gehört da hin, und diese Vase dort hin, und den Topf benutzt sie nie, sondern immer nur den anderen ...

Tatta und ich würden besser miteinander klarkommen, was die Organisation des täglichen Lebens angeht. Wir kochen beide sehr gerne und sind eher die Genussmenschen. Mit ihr habe ich außerdem das politische Interesse und die Leselust gemeinsam.

Sie ist sehr lebensfroh, aber sie hat im Laufe der Jahre ein paar Macken entwickelt – so leichte Neurosen, über die sie aber zum Glück selbst lachen kann.

Sie ist ein sehr warmherziger Mensch. Sie kommt mit jedem ins Gespräch, ob es nun die Verkäuferin ist oder der Busfahrer – das hat sie von unserer Mutter geerbt! Meine ältere Schwester konnte ich früher, als unsere Mutter noch lebte, in einem Punkt nicht verstehen: Sie war meiner Mutter gegenüber manchmal sehr aggressiv, auch verletzend. Darunter hat meine Mutter gelitten, und ich war darüber traurig, weil ich ja beide lieb hatte.

Ich glaube, darüber haben Petra und ich noch nie so richtig gesprochen. Aber meine Mutter ist nun schon lange tot, insofern nützt es vielleicht auch nichts mehr.

Wenn wir Schwestern zusammen im Urlaub sind, wird unsere Unterschiedlichkeit besonders deutlich.

Dagmar ist unheimlich dynamisch, sehr unternehmungslustig und immer in Aktion. Sie ist sehr sportlich und will wandern, Rad fahren, malen und bergsteigen, während ich mich im Urlaub gerne entspanne. Aber wir lachen darüber und betrachten die andere mit liebevoller Toleranz.

Weihnachten ist uns allen heilig. Dann trifft sich, wenn es irgendwie geht, die ganze Familie. Auch der 75. Geburtstag meines Vaters war ein willkommener Anlass, sich zu treffen oder die Konfirmation von Petras Sohn.

Auf solche Familien-Events freuen wir uns – da ist immer richtig was los; wir feiern gerne.

Wenn der Familienzusammenhalt, wie bei uns, von Kindheit an eng ist, prägt das für das ganze Leben – auch das Verhältnis der Schwestern zueinander.

Wir sind christlich erzogen worden; mein Vater ist ein sehr gebildeter, aber auch ein frommer Mann. Man geht, glaube ich, liebevoller miteinander um, wenn man einen christlichen Hintergrund hat, von dem man auch überzeugt ist.

Meine Schwestern gehörten immer so selbstverständlich in mein Leben; ich kann mir gar nicht vorstellen, keine Schwestern zu haben.

Beide sind sehr wichtig für mich und sind eigentlich meine besten Freundinnen. Ich würde sie immer als Erste anrufen, wenn ich schlimmen Kummer hätte. Niemand, außer meinem Mann und meinen Kindern natürlich, steht mir sonst so nahe.

Wir haben diese gemeinsame, glückliche Kindheit, die uns sehr stark verbindet. Ich vertraue ihnen beiden bedingungslos.

Zwischen Bettina und mir liegen eindreiviertel Jahre. Petra und ich sind knapp zwölf Jahre auseinander. Wir hatten noch eine kleine Schwester Verena. Sie ist 1965 geboren, aber schon 1967 gestorben. Als Jüngste gibt es bei mir keine ersten Erinnerungen an meine Schwestern, da sie für mich schon immer da waren.

Wir waren eine Einheit, und ich kann sie mir aus meinem Leben nicht wegdenken. Besonders mit Bettina war ich in der Kindheit ständig zusammen. Wir haben zusammengespielt und uns ein Zimmer geteilt. Wir sind altersmäßig so nah zusammen, dass zwischen uns keine Rolle spielte, wer älter oder jünger war, sondern eher unsere Unterschiedlichkeit: dynamisch die eine, ein bisschen träge die andere – praktisch veranlagt und zupackend gegen belesen und ungeschickt.

Ein Beispiel dafür: Wir haben gerne Prinzessin und Zofe gespielt. Ich war immer die Zofe und meine Schwester die Prinzessin, die sich gern bedienen ließ. Irgendwann wollte ich auch mal Prinzessin sein – aber Tina als Zofe hat nichts getan. Als Begründung sagte sie, eine Zofe müsse sich auch mal ausruhen. Da war es mir zu langweilig, immer nur zu bitten, mach mal das und mach mal dies – ich wollte gerne wieder Zofe sein. Das liegt sicher am Temperament.

Ich war immer die Aktivere – in diesem Spiel, aber auch sonst, beim Abtrocknen, Tisch decken –, Tina war immer die etwas Langsamere; häufig trudelte sie auch erst ein, wenn alles schon erledigt war. Bettina war in der Schule immer die

Bessere, aber das hat mich nie gestört. Ich hatte keine Lust zu lernen, war lieber draußen und war einfach fauler. Tina konnte ohne gemachte Schularbeiten nicht schlafen. Ich schlief immer bei den Schulaufgaben ein. Sie gab morgens im Bus den anderen immer bereitwillig alles zum Abschreiben, ich schrieb lieber ab.

Sie wurde mir von den Eltern aber nie als gutes Beispiel vorgehalten. Das war eher ein Problem der Lehrer, die sagten, wenn die eine Schniewind so gut ist, muss die andere es auch sein. Ich war aber auf dem Standpunkt, ich sei doof, und meine Schwester intelligent, doch die Lehrer sagten: Nein, das stimmt nicht, du bist nur faul.

An meine älteste Schwester gibt es nicht viele Erinnerungen aus früher Kindheit. Tatta – so nennen wir Petra heute noch, denn als Kinder konnten wir Petra nicht aussprechen – ist ja schon mit 18 ausgezogen.

Sehr gut erinnere ich mich an ihren ersten Freund und späteren ersten Ehemann. Er wohnte zwei Häuser weiter, und meine Schwester und er bewohnten jeweils die Dachzimmer der Reihenhäuser. Sie hatten oben über die Dächer eine Telefonverbindung gelegt und kletterten auch gelegentlich übers Dach. Das fanden Tina und ich tierisch spannend. Wenn Tatta nicht in ihrem Zimmer war, telefonierten wir nach drüben. Wenn jemand den Hörer abnahm, kicherten wir und legten auf, in der festen Überzeugung, nie als Anrufer entlarvt werden zu können.

Auseinandersetzungen zwischen den einzelnen Familienmitgliedern habe ich persönlich nie als dramatisch empfunden. Mami und Petra stritten häufiger, aber ich habe mir nie

Sorgen darum gemacht. Als Kind konnte ich sicher nicht einschätzen, ob es über pubertierendes Auflehnen hinausging – aber hier mischen sich auch Erzählungen und Erinnerungen.

Deutlich vor Augen ist mir noch eine Situation, in der Tina und ich – so circa drei- und fünfjährig – Hand in Hand ängstlich am Fuß der Leiter zum Dachgeschoss standen, die wir noch nicht erklimmen konnten: Oben stand Petra und lachte und drohte, unsere Mami nie mehr zu uns runter zu lassen, da diese unerlaubt in ihrem Zimmer aufgeräumt hatte.

Ich habe ein sehr schönes Familienleben in Erinnerung. Wir haben sehr oft abends zusammen in der Küche gesessen und geredet. Das hing mit Sicherheit auch damit zusammen, dass wir keinen Fernseher besaßen. Bei Freunden war ich oft entsetzt, wenn abends die Brote geschnappt wurden und die Familie den Abend wortlos vor dem Fernseher verbrachte. Durch das abendliche Gespräch hat immer ein zwangloser, natürlicher Austausch stattgefunden. Es ist Nähe, Vertrautheit und ein Zusammengehörigkeitsgefühl gewachsen. Wir lernten, uns mit dem anderen zu beschäftigen, und sicher war das die Basis für dieses enge Verhältnis zwischen uns Schwestern. Das gilt besonders für Bettina und mich.

Das absolut Vertraute, wie bei Tina und mir, entwickelte sich mit Petra erst viel später. Wir Kleinen bewunderten sie. Als 13-, 14-Jährige durften wir sie dann schon mal allein in Münster, später in Freiburg besuchen. Sie führte ein völlig anderes Leben. Sie war erwachsen, aber eben ganz anders als unsere Eltern: Sie fuhr im Urlaub nach Südspanien, wir in den Bregenzer Wald. Sie fuhr schnell Golf GTI, unser Vater langsam einen Opel! Und wir konnten mit ihr über unsere Eltern reden!

Wir sind religiös erzogen worden und gingen damals in eine strenge freikirchliche Gemeinde, zu der mein Vater heute noch gehört. Er ging auch zweimal wöchentlich abends dorthin. Wir haben nicht so viel Zeit mit ihm verbracht. Er hat viel gearbeitet, und unsere Hauptbezugsperson war unsere Mutter. Tina hat im Gegensatz zu mir immer sehr viel zu Hause erzählt –von der Schule, von jeder Liebe, von jedem Verliebtsein. Ich weniger, das ist auch heute noch so – das ist einfach eine Typfrage. Ich sah nicht die Notwendigkeit, alles haarklein zu erzählen.

Als ich plötzlich schwanger war, war das dann natürlich für meine Mutter ein großes Problem. Sie hatte ein anderes Bild vom Daggilein. Nachdem eine neunjährige Beziehung in die Brüche gegangen war, hatte ich nach einem Singlejahr meinen jetzigen Mann kennengelernt – und war nach drei Monaten schwanger. Das fiel genau in die Zeit, als meine Mutter an Krebs erkrankte. Ich habe es natürlich in der Situation nicht sofort erzählt, sondern erst Monate später.

Ich ging davon aus, dass meine Mutter Verständnis und mein Vater ein Problem damit haben würde. Es war genau umgekehrt. Vati fragte als Erstes: Ja, spürst du denn schon etwas? Und geht es dir gut? Und meine Mutter war drei Tage lang sprachlos, weil ihr Kleines – immerhin schon 27 Jahre alt – sich so schnell mit einem Mann einlässt.

Diese Phasen hat Petra nicht so nah miterlebt, da sie ihr eigenes Leben weit weg in Freiburg führte und nicht regelmäßig nach Hause kam. Sie hatte nicht so einen regen Anteil an meinem Leben wie Tina. Tina und ich haben natürlich nicht mehr so viel Kontakt wie zu Studentenzeiten, als wir im gleichen »Heim« wohnten und uns täglich gesehen haben. Wir haben viel zusammengemacht, auch unsere Freunde geteilt. Als sie nach Berlin ging, wurden dort meine Freunde auch ihre, in Münster übernahm ich ihre Freundschaften. Das war schön – und funktionierte vor allem! –, obwohl wir so unterschiedlich sind.

Als meine Schwester ihren Mann kennenlernte, dachte ich: Der nimmt dir die Tina weg. Ich war auch nicht sicher, ob die beiden glücklich zusammen werden, habe mich aber nicht eingemischt. Ihr Mann ist ein Freund meines Mannes. Sie haben sich über uns in einem gemeinsamen Urlaub kennengelernt – und es klappt bestens. Sie sind ein tolles Paar und verstehen sich blendend. Sie ergänzen sich sehr gut und nichts von dem, was ich damals befürchtet habe, ist eingetroffen.

Bettina ist ein sehr fröhlicher, optimistischer Mensch. Sie ist unkompliziert und kann gut mit unterschiedlichsten Menschen umgehen. Sie steht gerne im Mittelpunkt, kann auch recht dominant sein. Wenn es darum geht, ihre Meinung durchzusetzen, weicht sie ungern von ihren Ideen ab. Die Art, andere abzubügeln und zu sagen: völlig albern, Schwachsinn – diese Arroganz hat sie von meinem Vater. Sie sagt übrigens dasselbe von mir.

Mit Tinas Prominenz habe ich keine Probleme. Konkurrenz gab es bei uns nie. Manchmal geht mir das ständige Gerede über den Beruf auf den Geist. So interessant finde ich die Geschichten von anderen Leuten nicht. Ich persönlich fände es besser, wenn sie etwas Niveauvolleres machen würde, weil ich weiß, dass sie es kann. Wir reden häufig über ihre Sendung, hecheln alles durch und ich sag, was ich gut fand und was nicht. Ich würde mich sehr freuen, wenn sie mal eine eigene Sendung bekäme.

Dass Petra meine Halbschwester ist und einen anderen Vater hat, war von Anfang an für uns klar und völlig uninteressant. Sie ist genauso meine Schwester wie Tina. Das Schöne an uns Dreien ist, dass wir uns unter uns Schwestern total gehen lassen können und ohne Vorbehalt absolut wir selbst sind. Ob zu zweit oder zu dritt – mit Launen und Schwächen würde ich nie ein Blatt vor den Mund nehmen, weil ich sicher bin, es kommt richtig an.

Dieses Vertrauen war immer da, das wird auch bleiben, da bin ich mir sicher. Weihnachten ist in unserer Familie ein fester Termin. Was früher in großem Kreis mit 20, 30 Personen bei meiner Großmutter stattfand, wird jetzt mit unserem Vater und den drei Schwester-Familien gefeiert. Wir treffen uns mal in Wertheim, Wuppertal oder Hamburg zum Fest. Das ist für alle schön, besonders unsere insgesamt fünf Kinder lieben es. Das ist ein tolles Team.

Wir wissen immer alle drei voneinander. Petra führt in Wertheim ein anderes Leben. Es kann schon mal sein, dass wir drei Monate nicht miteinander telefonieren. Aber das ändert nichts an unserer Verbundenheit. Mit meinen Schwestern verbindet mich sehr viel. Ich möchte nie darauf verzichten. Ich fühle mich sehr aufgehoben in diesem Kreis und noch geschützter als mit meinen besten Freunden. Ich weiß, dass ich mich bedingungslos auf sie verlassen kann und nie um etwas kämpfen muss.

Petra Folger-Schwab

Mein leiblicher Vater ist 1952 gestorben, da war ich zwei Jahre alt, und ich bin praktisch allein mit meiner Mutter als Einzelkind aufgewachsen. Meine Mutter heiratete dann Ende der Fünfzigerjahre zum zweiten Mal, und so bekam ich meine jüngeren Schwestern. Bettina wurde 1960 geboren und Dagmar 1961.

Ich fühlte keine Eifersucht, als meine Mutter wieder heiratete und habe mich gefreut, als wir eine komplette Familie wurden. Mein Stiefvater und ich haben ein richtiges Vater-Tochter-Verhältnis, und es hat überhaupt keine Rolle gespielt, dass ich nicht seine leibliche Tochter bin.

Als Bettina geboren wurde, war ich gerade zehn geworden und fühlte mich schon als ganz großes Mädchen. Ich war absolut glücklich über meine kleine Schwester und kann mich noch gut daran erinnern, dass ich mit meinem Opa zusammen zum Krankenhaus fuhr, um sie zu begucken. Sie wurde hinter der Glasscheibe hochgehalten und war ein total süßes Baby.

Als meine Mutter und Tina nach Hause kamen, wollte ich gleich Windeln wechseln und Fläschchen geben. Ich durfte sie im Kinderwagen ausfahren und freute mich riesig. Das Schuljahr fing damals Ostern neu an, und ich kam im April auf das Gymnasium. Ich weiß noch genau, dass ich die Personalien angeben musste und sehr stolz war, als ich sagen konnte: eine Schwester, Alter: drei Monate.

Ich kann mich an durchwachte Nächte erinnern, in denen ich nicht schlafen konnte, weil Tina, oder später auch Daggi, weinten; da habe ich ein bisschen Mutterfunktion übernommen. Als sie älter wurden, war ich streng mit ihnen. Das Laufen habe ich den beiden zum Beispiel erpresserisch mit Gummibärchen beigebracht. Und Daggi hat sicher tausendmal Susi sag mal saure Sahne sagen müssen, bis ich ihr das Lispeln abgewöhnt hatte.

Sie mussten mir gehorchen; ich war weniger Komplizin, sondern habe mich eher verantwortlich für die Kleinen gefühlt. Ich selbst war ein wildes Kind, ich war sportlich, und mir konnte beim Klettern und Springen nichts zu hoch sein, wenn die beiden auch so etwas machten, hatte ich immer Angst.

Außer Tina, Daggi und mir gab es noch eine Schwester – Verena, sie war Jahrgang 1965 –, die jüngste Schwester von uns. Sie ist 1967 gestorben, also nur zwei Jahre alt geworden. Dass Verena unter einem Sauerstoffzelt lag, als es ihr so schlecht ging, habe ich verdrängt. Man konnte sie nicht mehr ohne Weiteres besuchen, und ich habe es auch nicht mehr gewollt, der Anblick war zu schrecklich. Ich hatte vorher schon damit abgeschlossen – auch wenn es hart kling. Es war für mich eine schwere Zeit. Ich dachte, ich müsste wenigstens nach außen hin stark sein. In der Schule hat zum Beispiel niemand davon gewusst.

Meine Schwestern und ich sind heute Freundinnen, trotz des Altersunterschieds. Ich bin manchmal vielleicht ein bisschen mütterlich, aber doch Freundin. Ich neige, eher bei Daggi als bei Bettina, manchmal zu Kritik und äußere sie, zum Beispiel was Kindererziehung angeht. Bei praktischen Dingen frage ich: Warum machst du das denn so? Daggi kann das nicht gut vertragen. Es gibt zwar keinen Streit, aber sie meint, dass es ihre Sache sei und mich nichts anginge. Sie ist vom Typ her mehr die Coole, Rationale, die Emotionen nicht so zulässt. Ich bin emotionaler und Tina auch, und ich denke, deshalb kommen Daggi und ich uns eher in die Quere. Mit Tina kann ich besser kontroverse Dinge diskutieren.

Heute würde ich auf jeden Fall zuerst meine Schwestern anrufen, wenn ich Schwierigkeiten hätte. Früher, als meine erste Ehe in die Brüche ging, waren sie einfach noch zu jung, und ich wollte sie damit nicht belasten.

Ich überlege, was den Unterschied im Verhältnis zwischen Freundinnen und Schwestern ausmacht. Ich glaube, die Hemmschwelle, offen und frei zu erzählen, ist geringer bei Schwestern. Auch bei meinen besten Freundinnen habe ich gewisse Themen, über die es schwer wäre, frei zu sprechen, und das empfinde ich bei meinen Schwestern nicht. Ich habe keine Hemmungen, direkt von dem Problem zu sprechen, das mich bedrückt. Ich weiß, es ist etwas Besonderes, so unverblümt und voller Vertrauen reden zu können.

Bettina kann eher über ihre Gefühle sprechen, und das schaffe ich auch ganz gut. Mit Dagmar ist es schwieriger, weil sie einen nicht so an sich heranlässt. Über den Vater reden wir natürlich zwangsläufig oft: Was er macht, wie er sich verändert, wie er mit seinem Alter und mit seinem Alleinsein klarkommt. Wir können uns in vielen Dingen gut austauschen – aber was zum Beispiel die Beziehung zu unseren Männern angeht, nicht so gut.

Als unsere Mutter so krank war, haben wir natürlich viel miteinander gesprochen. Dagmar wohnte ja auch in Wuppertal, und dadurch war sie immer die Nächste und hat die

Krankheit am stärksten mitbekommen. Das war für sie eine schwere Zeit. Sie hat auch den Vater damals immer in der Nähe gehabt und hat ihn auch heute noch gleich nebenan. Von uns Dreien hat sie den schwierigsten Part übernommen, was die Eltern angeht. Sie ist dem Vater am ähnlichsten. Das ist auch äußerlich so; sie ist ein bisschen dieser asketische nordische Typ, und Bettina und ich ähneln mehr unserer Mutter.

Der Tod unserer Mutter war ein einschneidendes Erlebnis, weil wir alle drei wirklich in der letzten Minute dabei waren. Es war tröstlich, dass wir in dem Moment zusammen waren.

Nach dem Tod kam einmal ein kleiner Groll in mir hoch. Es ging um den Nachlass, nicht um Geldbeträge, sondern um Schmuck. Nach dem Willen unseres Vaters sollte jede Tochter Schmuck bekommen, den sie auch trägt und der ihr gefällt, und darüber haben wir uns unterhalten. Die anderen waren der Meinung, ich hätte zu viel bekommen. Ich weiß nicht mehr, ob es unser Vater war oder die beiden Mädels, ich weiß nur noch, dass ich böse wurde und ihnen vorgehalten habe: Ich habe in Windeseile studiert, Examen gemacht und Geld verdient. Bettina und Dagmar haben sehr lange studiert und sehr lange gebraucht, bis sie in den Beruf gegangen sind. Das ist das Einzige, was jemals als Problem zwischen uns gestanden hat. Es wurde aber nie ausdiskutiert.

Normale kleine Meinungsverschiedenheiten werden ausdiskutiert, und obwohl wir so unterschiedlich sind, haben wir eins gemeinsam: Wir haben alle eine gute Portion Humor mitbekommen, und wir versuchen, kleine Unstimmigkeiten mit Humor aus der Welt zu schaffen. Wir haben eine Art

Geheimsprache, das Wuppertaler Platt, das wir zwar nicht perfekt sprechen, aber zumindest doch im Tonfall nachmachen können. Immer, wenn es ein bisschen unangenehm wird oder total lustig ist, verfallen wir ins Platt, dann können wir nicht mehr aufhören zu lachen.

Wir haben eine gute gemeinsame Basis – die Kindheit, Familie, Wuppertal – das verbindet und stärkt uns. Wir Mädels sind, wie unsere Mutter, eher fröhlich. Das Ernste und Strenge kam durch den Vater dazu. Wir bildeten so eine Art Frauengruppe und haben uns manche Dinge verkniffen, wenn unser Vater dabei war, weil er sehr streng religiös ist. Diese beherrschte Contenance hat mich manchmal genervt, und ich bin früher als die beiden anderen ausgebrochen.

Ich denke, unser Frau sein ist in unserer Schwesternschaft der gemeinsame Nenner – und früher gehörte unsere Mutter auch dazu. Bettina und Dagmar hatten ein sehr gutes Verhältnis zu ihr und haben viel mit ihr über Frauendinge gesprochen, aber sicher auch untereinander. Dadurch hat es sich zwangsläufig so entwickelt, dass die beiden Jüngeren sich so gut kennen und auch Freundinnen sind. Sie haben ja auch zusammen studiert, lange Jahre zusammengewohnt, und ihre Männer sind befreundet. Sie haben sicher zueinander ein engeres Verhältnis als zu mir; das liegt aber auch am Alter und an der Lebensgeschichte.

Ich glaube, Frauenrollen definieren sich anders, wenn man diesen Hintergrund von Geborgenheit hat. Man hat ein größeres Spektrum. Das Miterleben, wie meine beiden kleinen Schwestern zu jungen Frauen wurden, hat mir sehr geholfen, andere jüngere Frauen besser einzuschätzen, leichter mit ihnen umzugehen und auch mich in meiner eigenen Entwicklung besser zu erkennen. Ich hätte mich bestimmt anders entwickelt, wenn ich Einzelkind geblieben wäre. Ihr Aufwachsen erlebt zu haben und nicht immer nur Verantwortung, sondern auch viel Spaß gehabt zu haben, hat mich geprägt, und das macht einen großen Teil meiner Persönlichkeit aus. Nicht zuletzt deshalb bin ich wahrscheinlich Lehrerin geworden.

Barbara Steinhardt-Böttcher, Heide Simonis, Dodo Steinhardt (v.l.n.r.)

Die Steinhardt-Schwestern

Heide Simonis

Meine Schwestern und ich sind im Alter nahe beieinander. Ich bin die Älteste, was ja immer schwierig ist, die nächste ist Dodo, die nur ein Jahr jünger ist, und Barbara ist 1946 als Jüngste geboren. Ich war sehr lange in Kinderheimen, weil ich Asthma hatte und seit meinem vierten Lebensjahr eigentlich nur Gast zu Hause. Darum konnte ich in frühen Jahren kein inniges Verhältnis zu meinen Schwestern entwickeln. Es wurde besser, als meine Mutter bei der letzten Station im Westerwald die beiden anderen Schwestern nachschickte. Die Mittlere, Mutterns Liebling, sollte frische Luft kriegen, und die Jüngste hatte auch leichte Asthmaanfälle.

Als ich zehn Jahre alt war, wurden wir alle zusammen wieder nach Hause beordert, weil unsere Mutter partout wollte, dass wir auf die höhere Schule gingen. Wir lebten aber zum Teil nicht zu Hause.

Meine Mutter war berufstätig, und deshalb kam ich zu den Ursulinen. Mein Vater war im Krieg Stuka-Flieger; er hatte als Offizier das Studium unterbrochen und durfte nach dem Krieg nicht wieder an die Uni. Später absolvierte er in relativ kurzer Zeit ein Jura-Studium mit Volkswirtschaft, wurde Diplom-Volkswirt, bekam aber mit 41 Jahren und drei Kindern keine Stelle.

Darum arbeitete meine Mutter und sorgte dafür, dass er promovieren konnte. Meine Mutter war immer das bestimmende Element bei uns zu Hause, eindeutig und klar. Noch heute meistere ich Krisen, wenn ich daran denke, wie ich meine zum Teil schreckliche Zeit bei Sophia mit ihrem eisenharten Willen überstanden habe, das macht mir dann Mut. Selbst wenn wir Schwestern untereinander den schlimmsten Streit hatten, haben wir uns verbündet, wenn es gegen unsere Mutter ging. Mein Vater war ein lieber und gütiger Mann; er war auch lieb zu seinen Töchtern, aber er stand immer zwischen diesen vier Weibern. Er entschied sich meistens für seine Frau, was ihr gegenüber auch fair war.

Konkurrenz kannten wir untereinander nicht, wir sind einfach zu unterschiedlich. Ich bin die Längste in der Familie. Auf unseren Kinderbildern wirken Barbara und Dodo ganz klein, und ich überrage sie, obwohl zwischen Dodo und mir nur dieses eine Jahr ist.

Und da meine Mutter den dringenden Wunsch verspürte, ihre drei Töchter in die gleichen Kleider zu stecken, stehe ich da wie ein Affe mit langen Armen, riesengroßen Füßen und Knubbelknien, und daneben stehen meine beiden kleinen Schwestern mit süßen kleinen Kleidchen. Ihnen stehen sie sehr gut, nur mir nicht, ich fand mich potthässlich.

Aber auch später war unser Schwesternverhältnis ohne Konkurrenz: Wer sich für Dodo interessierte, interessierte sich nicht für Heide; wer Barbara toll fand, der interessierte sich nicht für Dodo und für Heide; da brauchte man keine Angst zu haben.

Dodo und Barbara waren in der Schule immer besser als ich. Dodo hatte immer tolle Noten. Sie kam nach Hause, teilte sich ihre Hausaufgaben und die Zeit, die sie dafür aufwenden musste, ein und erledigte alles wie geplant. Sie hatte immer eine eiserne Disziplin, auch heute noch. Dreimal in der Woche Ballettübungen, einmal in der Woche Gesangsunterricht; sie schafft das spielend, ist außerdem berufstätig und hat tausend Termine. Barbara ist immer ohne besondere Anstrengungen durchgekommen. Sie hatte ein sonniges Gemüt und sah aus wie ein blondes Weihnachtsengelchen. Ich glaube, sie hat die Menschen angeplinkert und damit war sie durch.

Unseren Vater haben wir drei abgöttisch geliebt, und er hat seine drei Töchter geliebt, aber Familie hieß bei uns: Wir gehen jetzt spazieren, Kinder zieht euch an, Sonntagsklamotten. Wir mussten immer vor ihnen laufen, damit sie sahen, was wir verkehrt machten, und dann latschten wir am Rhein entlang oder in Nürnberg durch den Stadtpark, und sogar noch, als wir hierher nach Kiel zogen und ich schon im Studium war, wurde am Sonntag ein Spaziergang angeordnet. Sich darüber zu streiten, hatte keinen Zweck.

Ich habe Familienleben in dieser Form aus tiefster Seele gehasst. Als ich Abitur machen und studieren wollte, habe ich das nur geschafft, weil mein nachgiebiger Vater einmal standhaft blieb. Mutter wollte mich nach der mittleren Reife von der Schule nehmen. Aber das eine Mal hat er mir geholfen.

Bei Dodo war es selbstverständlich, dass sie studierte und bei Barbara, die gerne OP-Schwester geworden wäre, hieß es: In unserer Familie studieren alle, also auch du. Ich musste noch darum kämpfen, bei ihr war klar, dass sie studieren musste.

Meine Mutter hatte in der Beziehung merkwürdige Verhaltensweisen. Das ist mit dem Verstand nicht zu erklären, und dass wir drei uns nicht hassen, ist auch nicht zu erklären, denn eigentlich hätte ich dastehen und sagen müssen: Wieso dürfen die?

Dodo hat sehr viel vermittelt, solange ich noch zu Hause war. Sie war der Mittelpunkt bei uns in der Familie; um sie drehte sich alles.

Das höchste Glück für meine Mutter als junges Mädchen war, bei Bällen und Festen von Burschenschaften eingeladen zu sein, und deswegen dachte sie, es müsse auch bei uns so sein.

Und als ich dann in der Schule in einer Phase schlecht war, meinte sie: Mach ruhig so weiter, dann wirst du eben Schneiderin oder Friseuse, und dann machst du für deine beiden Schwestern die schönen Kleider und das Haar, damit sie zu den Bällen gehen, wo du ja nicht hindarfst. Nichts gegen Friseurin und Schneiderin, aber ich habe die beiden Berufe damals ehrlich gehasst.

Ich durfte erst von zu Hause ausziehen als ich heiraten wollte, vorher war ich durch das Studium finanziell abhängig. Ich hätte es machen können wie Dodo. Sie ist irgendwann ausgezogen, weil sie es zu Hause nicht mehr ausgehalten hat, obgleich sie eigentlich die Geschützteste von uns allen war.

Nach Einschätzung meiner Mutter galt: Während ich wer weiß wo landen würde, war Dodo zu gut für diese Welt. Also brauchte sie keine Säume umzunähen, keine Knöpfe anzunähen, keine Hausarbeit zu machen.

Zwischen uns Schwestern gab es keinen Streit, und wir haben uns selten angeschrien. Und heute streiten wir fast nie, außer bei zwei emotionalen, sehr bewegenden Gelegenheiten, nämlich als mein Vater begraben wurde, und bei der Beerdigung meiner Mutter. Offenbar waren die Anspannung und der Schmerz zu groß.

Die ersten Jahre, in denen wir selbstständig lebten, haben wir uns nicht viel gesehen. Ich war mit meinem Mann im Ausland – fast zwei Jahre in Sambia, dann fast eineinhalb Jahre in Japan – und Barbara war mit ihrem Mann in Paris, drei Jahre in Kongo Brazzaville, und dann über 20 Jahre in Brüssel. Dodo wohnte lange in Kiel, in Neumünster, in Schweden und dann, mit Unterbrechungen, in Hamburg. Wir zwei waren uns schon deswegen auch räumlich näher. Aber das Räumliche spielt keine große Rolle.

Ich bin überzeugt, dass beide Schwestern, wenn ich anrufen würde und sage, ich brauche Hilfe, sich sofort in den Zug oder ins Auto setzen würden und zu mir kommen würden.

Wir haben gelernt, unsere gegenseitigen Verrücktheiten zu respektieren, und wir scherzen häufig, dass wir, wenn einer von unseren Männern stirbt, zu den Schwestern in die Witwengemeinschaft ziehen. Das kann ich mir sehr gut vorstellen. Wir haben Respekt vor den jeweiligen Leistungen, was man alles geschafft hat und was man dazugelernt hat.

Ich bewundere bei beiden Schwestern die Sprachkenntnisse. Sie können beide sechs oder sieben Sprachen, sind beide auch sozial engagiert: Dodo macht Gewerkschaftsarbeit und Obdachlosenarbeit in Hamburg. Sie war lange in Nicaragua und hat dort gearbeitet und hat nichts dafür gekriegt außer Essen und Unterkunft, das imponiert mir.

Dodo hat einen Lerntick, so etwas hab ich noch nicht erlebt. Sie hat ein Studium zur Realschullehrerin angefangen, ist umgestiegen auf Sprachwissenschaften, ist promovierte

Linguistin, hat festgestellt, damit kommt sie nicht unter, hat noch fürs Gymnasialamt Englisch, Französisch und Sport studiert, hat eine Zeit lang unterrichtet, fand das aber nicht ausfüllend genug, und hat im Fernstudium an der University of Oxford Volkswirtschaft und Computerlehre studiert. Immer, wenn sie das eine fertig hat, macht sie das nächste, und das neben ihrem Beruf. Das ist meine Schwester Dodo. Sie langweilt sich, wenn sie sich nicht etwas Neues erarbeiten kann.

Wir haben uns enger zusammengeschlossen, als ich so ungefähr 16 war und die Auseinandersetzungen mit meiner Mutter auf dem Höhepunkt waren. Da brauchte ich meine Schwestern, insbesondere Dodo, damit es zu Hause überhaupt zu ertragen war. Ich war jahrelang unter einer Art Mutterschock, das war mein Hauptgesprächsthema. Die beiden Schwestern hatten diese Erlebnisse mit Mutter nicht. An Barbara perlte alles ab, und Dodo war eh das Liebste und Beste, was es auf Gottes Erde gab. Aber ich musste meine Kümmernisse erzählen, sie bei den Schwestern loswerden, bis ich mir dann eines Tages sagte: Jetzt muss Schluss sein, irgendwann musst du auch erwachsen werden.

Heute reden wir über Mode, über den letzten Urlaub, über Politik, über ein Buch. Wir telefonieren viel miteinander. Es sind oft nur ganz kurze Anrufe, einfach mal, na wie geht's denn. Ich weiß, die Schwestern wären immer Ansprechpartnerinnen, wenn ich etwas hätte, über das ich mich richtig auskotzen müsste, und zu dem mein Mann sagen würde: Sag mal, wo ist denn das Problem? – oder wenn man mal ein bisschen über jemanden lästern möchte. Dazu meint mein Mann dann: Was seid ihr für bitterböse Weiber.

Meine Schwestern und ich haben heute feste Treffen. Weihnachten mit der einen Schwester, andere Sachen mit der anderen. Wenn wir früher, als ich mir das noch zeitlich leisten konnte, große Partys gaben, reiste Barbara mit dem kleinen Hackemesserchen an und verschwand mit einer Flasche Weißwein in der Küche. Wenn sie abends wieder herauskam, stand das Essen. Sie musste sich etwas hinlegen und war dann zwei Stunden später geschminkt und gestriegelt; meine Küche war prima aufgeräumt, und das Essen war perfekt auf Platten angerichtet – unglaublich. Sie ist eine fantastische Köchin. Dodo ist für so etwas nicht geeignet, sie hat zehn linke Daumen.

Barbara ist absolut ordnungsfixiert. Sie hat früher die Höschen und BHs und Unterhemdchen so gefaltet, dass sie alle an der gleichen Stelle einen Kniff hatten und im Schrank genau übereinander lagen. Wenn sie Schaschlik-Spieße macht, ist jedes Stück gleichmäßig groß geschnitten, zuerst kommt das grüne Gemüse, dann das rote, dann kommt Fleisch, alles gleichgroß geschnitten und dann wieder von vorn – absolute Ordnung, so etwas habe ich in meinem ganzen Leben nicht wieder erlebt. Wir sind alle drei Beamtentöchter und ordentlich, aber gemessen an meiner Schwester bin ich eine Schlampe.

Sie ist eine Organisatorin erster Güte, wird auch nie nervös. Dodo ist korrekt, ordentlich, grün-sozialistisch nach dem Motto: Und wenn die einen arbeiten und ordentlich ihre Steuern abliefern, dann haben die anderen – nämlich ihre Schüler – verdammt und zugenäht die Verpflichtung zu lernen. Sie ist klein und zierlich und hat riesengroße Schüler; sie steht vor ihnen und sagt: Ich hab dir gesagt, wenn du dreimal fehlst, kriegst du bei mir eine Sechs, und dann kriegst du auch kein Abitur. Sie setzt sich energisch und couragiert durch.

Meine berufliche Position finden sie toll und sind auch stolz darauf, wenn es auf dieser Stelle schon mal eine Frau gibt, und dass es dann die eigene Schwester ist, aber es berührt unser Verhältnis untereinander überhaupt nicht. Weil ich weiß, was es bedeutet, zwei so tolle Schwestern zu haben, würde ich es als eine Verarmung meines Lebens betrachten, wenn ich sie nicht hätte.

Dodo Steinhardt

Meine zwei Jahre jüngere Schwester Barbara war ein entzückendes Baby; sie war blond, pausbäckig, hatte strahlend blaue Augen und konnte jeden bezaubern. Sie war natürlich der Liebling aller. Wenn Leute zu Besuch kamen, brachten sie ihr schöne Dinge mit, und Heide und ich saßen wie die Deppen daneben. Also bildeten wir eine Allianz gegen Bärbel. Wir haben sie gequält, wo wir konnten.

Heide war viele Jahre ständig wegen ihres Asthmas in Heimen, und als Barbara dann auch Asthma bekam, wurde ich gleich mitgeschickt, weil ich so klein und mickrig war. Ich war wirklich mit fünf Jahren kleiner als meine zwei Jahre jüngere Schwester. Meine ersten Erinnerungen an meine Schwestern beginnen in dieser Kinderheimzeit. Wenn ich die beiden nicht gehabt hätte, hätte ich diese Zeit nicht durchgehalten.

Als Barbara drei oder vier Jahre alt war, wurde sie für den Film entdeckt. Irgendein großer Regisseur stellte fest, das Kind könnte man für den Film gebrauchen. Sie konnte auf Kommando weinen und lachen. Meine Mutter war wahnsinnig ehrgeizig, sie wollte uns alle am liebsten groß, toll und mit viel Geld verheiratet sehen, aber mein Vater sagte: Nein. Auch beim zweiten Mal, als Bärbel als gute Schwimmerin zur Meisterschaft trainiert werden sollte, sagte mein Vater Nein.

Ich hatte als gute Balletttänzerin ein Stipendium hier an der Hamburger Staatsoper, und mein Vater sagte wieder Nein. Er wollte keine Promis in der Familie – das hat ja nicht ganz geklappt. Er ist jetzt schon seit zwölf Jahren tot, aber er hat Heide noch als Finanzministerin erlebt und war stolz wie Oskar.

Heide ist die Schönste von uns. Sie hat sehr ebenmäßige Züge, und sie war mit elf Jahren schon wie eine erwachsene Frau. Ich sah mit elf ungefähr so aus wie ein normales Kind mit sieben. Heidchen war schon mit Volker zusammen, und ich bin vor Eifersucht gestorben. Volker war 15 oder 16, und er war richtig verliebt in sie, und ich hatte überhaupt keinen Jungen in meiner Nähe. Ich hatte keine Brust und war ein kleines, dünnes, ausgemergeltes Mädchen. Dann überholte mich auch noch meine kleine Schwester, zog BHs an, und ich war richtig neidisch.

Als wir dann alle Freunde hatten, mischten sich die Kreise; wir gingen in großer Clique aus und unternahmen viel zusammen. Eines stand für uns fest: Nie den Mann einer Schwester anrühren. Er könnte Adonis sein, mir zehn Jahre kreischend nachrennen – vergiss es: Das ist ein Tabu. Und dadurch, dass dieses Tabu für alle drei galt, gab es nie Streit. Bärbel hatte immer die, die auf handfeste Damen abfuhren; Heidchen war die etwas Nachdenkliche und Ernstere.

Bis wir 15, 16 waren, hatten wir den absoluten Rosenkrieg gegen Bärbel. Heide musste kämpfen, dass sie auf Partys durfte, ich hatte den Krieg um die Jeans. Bärbel hatte es leicht, sie kriegte alles. Die beiden Älteren mussten die Wege ebnen, die Jüngste durfte schon mit 14 auf die Partys, die wir uns mit 16 erkämpft hatten. Als Barbara ein junges Mädchen war, wurde sie eine von uns. Dann ging es darum, wie man sich Ausgänge erkämpfte. Wir sagten zu Hause, wir gingen zusammen ins Kino, und an der nächsten Ecke verschwanden wir in alle Himmelsrichtungen. Um 23.00 Uhr trafen wir uns wieder. Ab da verbündeten wir uns gegen die Eltern.

Wir drei bilden seitdem eine starke Allianz. Einmal ist sie später fast geknackt worden. Der erste Mann meiner jüngeren Schwester war so ein Ekelmonster; ich konnte diesen Mann nicht aushalten, und ich fürchtete, meine Schwester an diesen Mann zu verlieren. Ich bekam Pickel, wenn ich zu ihnen kam.

Ich besuchte sie trotzdem regelmäßig, weil ich Patentante von Barbaras erstem Sohn bin, den sie vor ihrer ersten Ehe von ihrem französischen Freund bekommen hatte. Der behauptete allerdings, sie überhaupt nicht zu kennen.

Die Eltern nahmen sie mit dem süßen Baby zwar wieder in Gnaden auf, aber ich schlug vor, gemeinsam eine Wohnung in Kiel zu suchen – wir studierten ja beide noch – und uns die Versorgung des Babys zu teilen. Der Kleine folgte mir überallhin, ich war quasi seine zweite Mutter. Aber Bärbel wollte einen anständigen Namen, und der erste, der kam, war mein unsäglicher erster Schwager: ein Dickschädel der übelsten Art, flexibel wie ein Betonpfeiler an der Autobahn.

Heidchen hat ja auch geheiratet, und das fand ich in Ordnung. Ich mochte Udo von Anfang an. Er war tolerant und demokratisch. Er wurde in der Ehe zusehends sozialer und offener und konnte wunderbar zuhören.

Mit Heidchen verstand ich mich immer toll. Ich wohnte in Kiel gleich bei ihr um die Ecke. Zweimal in der Woche ging ich zu ihr; sie spülte und ich machte ihre Bügelwäsche und dabei lief das Mundwerk. Oder sie lag in der Badewanne, und ich las ihr aus der Zeitung vor.

Mit Barbara kann ich da weitermachen, wo ich das letzte Mal aufgehört habe. Sie liebt einfach alles, was Spaß macht. Spaß machen Männer – egal ob 15 oder 80 –, Spaß machen

Zigaretten, und Spaß macht ein schönes Glas Wein, am liebsten alles drei zusammen. Sie ist total witzig, hat eine Energie, das ist unglaublich.

Unsere Mutter war auch eine absolute Powerfrau. Mit meinem Vater, der Jura und Volkswirtschaft studiert hatte, wollte sie in die große freie Wirtschaft und Kohle machen. Meine Mutter war richtig geldgeil. Sie wollte Kohle machen, nicht Kinder haben. Aber mein Vater wollte nicht mehr groß auffallen. Er war auf eine positive Weise konservativ; er wollte Traditionen und Werte erhalten. Er konnte mit allen diskutieren und wunderbar zuhören. Meine Mutter war sehr rechts, und allein schon deshalb wurden wir alle drei links. Aus purer Kontrahaltung hat man über den SDS und den KBW nachgedacht.

Ich finde es toll, was Heide erreicht hat. Sie möchte es, sie kann das, sie ist unheimlich tüchtig, durchsetzungsbereit und das Beste an ihr: Sie ist der einzige politische Mensch, der nicht so gestelztes dummes Zeug redet. Sie ist noch natürlich, allerdings gucke ich mir eine Sendung mit ihr nie an. Ich habe immer Angst, dass jemand sie fies erwischt, obwohl ich weiß, dass sie souverän ist und die Situation im Griff hat.

Mich könnte man damit jagen, mit allem Geld und allen Fahrern. Ich möchte nicht aus dem gerissen werden, was ich liebe: Unterrichten, lebendigen Kontakt mit jungen Leuten haben, sich jeden Tag neu erfinden. Ich rede viel, singe, tanze, spiele, mache Spagat vor der Klasse, ist mir völlig egal, Hauptsache, die Kids sind dabei.

Ich weiß immer über Heide Bescheid, und wenn ich sie nicht erreichen kann, ruf ich meine jüngere Schwester an. Ich bin sofort in Kiel, wenn Heide mich braucht, hinterlasse auf dem Anrufbeantworter, wo ich zu erreichen bin. Sie hilft auch, wenn bei mir etwas ist. Ich hatte einmal eine böse Viruserkrankung und lag eine ganze Weile in Kiel in der Uni-Klinik am Tropf, und Heide kam jeden Tag. Das würde sie heute vielleicht nicht mehr schaffen, aber sie ruft an, wann immer sie kann.

Die Nähe zwischen uns ist geblieben. Gerade jetzt braucht sie uns. Für die Ministerpräsidentin ist die Luft oben ganz dünn. Sie hat nur noch ein paar Menschen, auf die sie sich verlassen kann; dazu gehören ihr Mann und ihre beiden Schwestern.

Zu meinem 50. Geburtstag kam natürlich Heidchen, aber auch die Sicherheiten und die Fahrer, das gehört zu ihrem Leben dazu. Heide ist genauso emotional wie wir, aber sie hat gelernt, sich zu beherrschen, während Bärbel, Mutter Steinhardt, wie sie sich selbst immer nennt, und ich immer schnell weinen.

Ich würde mit meinen Schwestern nicht unbedingt in einer Wohnung wohnen wollen, aber gerne in einem Haus mit abschließbaren Wohnungen. Wir haben Heide und Udo einmal in der Bretagne besucht. Der Tag ging damit los, dass wir alle die Füße hochhalten mussten, weil Heidchen putzen musste – jeden Morgen. Alles, was sie im täglichen Leben nicht tut, wie putzen, einkaufen, Spaghetti kochen, das macht sie in den Ferien. Barbara war einmal bei mir und hat mit Heide gemeinsam meinen Schrank aufgeräumt.

Ich bekam dann beigebracht, wie man Handtücher faltet – bei mir liegen sie krumm und schief, ich finde Ordnung in der Unordnung. Eigentlich bin ich auch ein ordentlicher

Mensch. Allerdings ist Bärbel als gute Hausfrau pedantisch ordentlich. Sie hat jetzt seit zwei oder drei Jahren einen Job, der ihr auf den Leib geschneidert ist. Sie fährt herum und betreut Betriebsräte.

Wir hatten früher oft Schwesterntreffs, aber die sind jetzt schwierig geworden. Jetzt treffen wir uns, wenn es sich ergibt. Mit der Ministerpräsidentin kam die Sicherheit in unser Leben, wodurch unsere Treffen von einem Fahrer und zwei Polizisten begleitet werden. Wir haben mit den Polizisten und mit den Fahrern wirklich viel Zeit verbracht, und inzwischen sind sie wie gute Freunde. Es gibt nur keine Intimität mehr.

Es muss sich auch ergeben, dass Barbara Zeit hat und dass Heide kann und dass die Männer nicht können. Ich kann meine Schwester mit ihrem Mann nicht nach Schweden in mein Haus einladen und dann dem Mann sagen: Kannst du jetzt bitte mal verschwinden? Wenn wir in Bordesholm sind, gibt es ein Stichwort: Wir beziehen schon mal die Betten ... Dann wissen die Männer, aha, jetzt geht es nach oben. Wir setzen uns auf die Betten und reden miteinander.

Es gibt wahrscheinlich nichts, was wir nicht voneinander wissen. Wir haben absolutes Vertrauen zueinander. Ich kann Heide sagen, was ich will und Barbara auch, das ist absolut sicher aufgehoben. Mit den Schwestern bin ich enger verbunden als mit den besten Freundinnen.

Barbara Steinhardt-Böttcher

Als jüngste von drei Mädchen bin ich im viel zitierten Dreimädelhaus aufgewachsen. Wir waren, als wir noch sehr klein waren, längere Zeit gemeinsam in einem Kinderheim. Das war fürchterlich, und es war ein Trost, dass wenigstens die beiden Schwestern dabei waren. Dadurch hatten wir ein bisschen Zusammenhalt und Wärme. Unsere Mutter arbeitete nach dem Krieg, und ich denke, dass wir deswegen im Heim waren. Darüber wurde allerdings nie geredet. Außerdem sollte es gesundheitlich für uns gut sein, da Heidchen und ich Asthma hatten und Dodo sehr zart war.

Als wir schließlich wieder zu Hause waren, nahm die schöne Schwesterngemeinschaft ein jähes Ende. Wir haben uns schrecklich geprügelt. Vielleicht waren wir ein bisschen neidisch, weil Dodo der Liebling der Mutter war. Vielleicht wollten wir auch keine kleinen Mädchen sein und nicht so brav angepasst im Kleidchen sitzen – keine Ahnung.

Ich erinnere mich an eine Situation, als wir noch klein waren: Wir hatten alle drei die gleichen Kleider bekommen, obwohl wir sehr unterschiedlich aussahen. Heidchen sah mit ihrer Überlänge und den Knubbelknien im Vergleich zu uns nicht so attraktiv aus. Meine Mutter stand, obwohl wir identische Kleider anhatten, vor Dodo und sagte: Sieht sie nicht entzückend aus, ist es nicht schön, wie sie aussieht. Heide und ich guckten uns nur an. So war es immer, nur zu Dodo sagte meine Mutter, toll, schön, super, und eigentlich hätten wir Dodo hassen müssen. Aber wir haben dieses Kind vergöttert, und wenn sie Hilfe brauchte, waren wir zur Stelle.

Früher haben Heide und Dodo immer Front gegen mich gemacht. Ich erinnere mich da an eine Situation: Wir hatten zu dritt ein Zimmer, und die beiden hatten mich ausgesperrt. Das Zimmer hatte eine Glastür, und ich schlug mit der Faust die Scheibe ein. Als unsere Eltern zurückkamen, sagten meine Schwestern, trotz unserer Streitphase, dass ich im Flur gestolpert und durch die Tür gefallen wäre. Gegen die Eltern haben wir zusammengehalten. Allmählich merkte ich als Jüngste auch, dass wir zu dritt stärker sind.

Ich denke, als ich etwa 13, 14 war, kam der totale Durchbruch, wo die schon früher vorhandene Solidarität gegen die Eltern uns so richtig stark machte. Von da an machten wir wirklich alles zusammen. Zum Beispiel gingen wir vorgeblich zusammen ins Kino, Heide und Dodo trafen sich mit ihren Freunden, und auf der Rückfahrt im Bus erzählte ich ihnen die Story aus dem Film; wir kamen nach Hause und waren zu dritt im Kino gewesen. Das ist die Solidarität, die wir immer beibehalten haben. Es war wirklich toll, sich zu dritt zu verstehen, wir mochten uns immer.

Über unsere Familie habe ich mir damals wenig Gedanken gemacht. Heute empfinde ich vieles als aufgezwungen; diese Zwangsspaziergänge im Wald, wo man jeden Samstag und Sonntag denselben Weg ging und hinterher gemeinsam Canasta spielen musste. Irgendwann stellte sich dann heraus, wer die Schlauste war und sich am Sonntagmittag schnell die Haare gewaschen hatte. Mit nassen Haaren konnte man natürlich nicht spazieren gehen. Jeden Sonntag war eine andere dran, das haben wir dann ein bisschen aufgeteilt, damit jede mal zu Hause bleiben durfte.

Dodo hatte zwei linke Hände; sie konnte keinen Saum umnähen, keinen Knopf annähen, und wir haben es ihr abgenommen. Ich bin die Schwimmerin in der Familie, und Dodo durfte Ballett tanzen, weil meine Mutter fand, dass sie eine kleine, zierliche Person sei. Keine von uns war jemals fett, von daher hätten wir alle drei gut herumspringen können, aber es war ein Traum unserer Mutter, dass die Elfe eben Dodo heißen müsse.

Wir hatten so ein ganz altes Sofa, auf dem haben wir immer gespielt. Dodo war die Eisprinzessin, und wir waren die anderen Prinzessinnen. Wir haben die tollsten Sachen auf diesem Sofa gemacht; Dodo konnte immer einen Tick höher springen als wir.

Konflikte wurden lautstark ausgetragen, wir waren dann richtig wie die keifenden Weiber. Aber es ging auch alles schnell wieder vorbei. Es war eine Selbstverständlichkeit, dass man sich danach in den Arm nahm, und dann war es wieder okay. Wir waren nicht nachtragend.

Das Verhältnis zu unserem Vater war superschön, weil er wirklich ein lieber Mann war. Zu unserer Mutter waren wir eher aufgezwungen freundlich. Ich kann mich nicht erinnern, dass sie mich einmal richtig herzlich in den Arm genommen hätte.

Dodo war ihr erklärter Liebling, aber Heidchen mochte sie nicht. Sie hat uns tatsächlich erzählt, sie habe sie gar nicht gewollt. Das ist nicht so toll, wenn man das gesagt bekommt, und es zeugt nicht von großer Mutterliebe. Wir hatten ein schlechtes Verhältnis zu ihr, und es wird auch nicht besser, wenn man es jetzt im Nachhinein beschönigt.

Als unsere Mutter zum Pflegefall wurde, war es eine Zwangsveranstaltung, sie zu besuchen, und wir haben uns fast in die Haare darüber gekriegt, wer damit dran war. Dodo war die Herzlichste, die am ehesten mal sagte: Ok, ich opfere mich. Mutter war immer eine agile, aktive Frau gewesen, und dann so dahinzusiechen, war für sie sicher schwer. Aber sie war biestig und boshaft, und mit zunehmendem Alter wurde es noch schlimmer.

Meine beiden Schwestern sind karrierebewusst. Sie sind ehrgeizig, arbeitsam. Sehr fleißig und pflichtbewusst sind wir alle drei, total preußisch.

Nur bin ich die Einzige, die Kinder hat und die darum von der Karriere ein bisschen außen vorgelassen wurde. Dass Heide Ministerpräsidentin ist, finde ich klasse, besonders, weil wir von unserer Mutter immer zu hören bekamen: Schaffst du nicht, bringst du nicht. Als ich unehelich schwanger war, meinte meine Mutter auch: Einen Mann wirst du sowieso nie finden, mit Kind schon gar nicht.

Wir Schwestern sind sehr herzlich miteinander. Ich kann gar nicht anders, als sie in den Arm zu nehmen, wenn ich sie sehe. Wir telefonieren auch häufig miteinander. Es ist eine Zeitfrage, dass ich eher Dodo antreffe; bei Heide muss ich eben auf den Anrufbeantworter sprechen. Wenn es wirklich dringend wäre, könnte ich sie auch über Handy oder über ihr Auto erreichen.

Wir reden alle schnell, aber Heidchen ist im Vergleich zu früher wesentlich langsamer geworden. Sie musste sich ihrem Politikerimage anpassen, damit man sie überhaupt versteht, wenn sie eine Rede hält.

Dodo und ich reden mehr mit Händen und Füßen, und Heidchen ist etwas gesetzter. Vielleicht liegt es auch an der körperlichen Größe. Dodo und ich sind im Vergleich zu Heide klein.

Wenn ein Interview mit Heide Simonis gesendet wird, schau ich es mir an. Als sie in New York nach dem 11. September zu der nicht stattfindenden Steuben-Parade sprach, habe ich sie hinterher angerufen, weil sie so wunderbar staatsmännisch, staatsfrauisch, geredet hat – absolut klasse. Sicher bekommt sie genügend Feedback, und sie ist so etabliert, dass sie weiß, dass sie gut ist, aber ich will es ihr auch sagen.

Als ich 50 wurde, hatte ich Heide im Hotel untergebracht. Dort hörten sie den Namen Simonis und benachrichtigten die Presse. Einer von diesen Bodyguards, ich nenne sie immer die Körpermäuse, fragte mich ganz schockiert, ob ich das initiiert hätte. Da kam dann nämlich morgens der Bürgermeister mit der Bürgermeisterkette. Heide ist nun morgens wirklich nicht der ansprechbare Typ, aber sie musste sich ins Gästebuch der Stadt eintragen. Niemals würde ich ihr jemanden auf den Hals hetzen, schon gar nicht morgens früh.

Jetzt treffen wir uns eher spontan, wenn es gerade passt. Trotz ihres wirklich voll besetzten Terminkalenders kommt sie zu mir; sie war auch da, als mein Sohn geheiratet hat, und natürlich ist sie dabei, wenn mein Mann im Juni 60 wird, genauso wie Dodo auch.

Wenn wir drei uns alleine treffen, reden wir alle gleichzeitig, jede mit jeder, und jede geht auf jede ein und es klappt. Wir sehen uns ja nicht so oft, und wenn wir ganz schnell und ganz viel reden, haken wir mehr Themen ab. Wir fühlen uns dabei wohl und geborgen.

Man kann seinen Partner noch so sehr lieben, aber wenn meine beiden Schwestern da sind, brauche ich meinen Mann nicht. Er kann noch so nett und entzückend sein, dagegen kann er nicht anstinken. Ich liebe meine Kinder heiß und innig, aber es ist anders mit den Schwestern.

Es ist etwas ganz Besonderes, das uns verbindet. Selbst wenn wir uns in die Haare kriegen, bleibt so ein Basisverständnis. Nach einem Streit gehen wir aufeinander zu und umarmen uns. Das ist einfach warm und schön und rundum toll.

Heide und Dodo sind auch heute für mich die einzigen Menschen, die wirklich alles von mir wissen. Nicht mein Mann, nicht eine Busenfreundin, sondern nur die Schwestern.

Wenn ich ein Problem habe, würde ich nur meine Schwestern anrufen, und wenn es ein großes Problem wäre, wüsste ich, entweder kommen sie nachts noch angefahren und retten mich, oder ich fahre nachts zu ihnen und lass mich retten.

Ich weiß, ich kann mich auf sie verlassen, und sie wissen, sie können sich auf mich verlassen. Was sie mir erzählen, kommt nicht an die große Glocke. Wir drei, das gehört zusammen, das will zusammen sein. Ich könnte gut mit ihnen zusammenleben, lieber heute als morgen.

ANNETTE ZIELLENBACH (L.) UND ELINOR ZIELLENBACH (R.)

Die Ziellenbach-Zwillinge

Annette Ziellenbach

Meine Zwillingsschwester Elinor ist eine viertel Stunde früher geboren als ich. Wir sind die Vierte und Fünfte in der Geschwisterreihe, und unter uns Schwestern sind wir die Zweite und die Dritte. Suzanne ist zweieinhalb Jahre älter als wir. Danach kommen Margarit, sie ist vier Jahre jünger, und Dorothee, die Jüngste, ist zehn Jahre jünger als wir.

Insgesamt habe ich vier Schwestern und zwei Brüder. So viele Geschwister zu haben, gibt mir ein großes, aufregendes Gefühl. Natürlich habe ich zu meiner Zwillingsschwester die tiefste Verbindung. Es gibt bei allen meinen Schwestern Eigenschaften, die ich im besonderen Maße bewundere. Wir Schwestern machen teils beruflich, teils privat alle kreative, künstlerische Dinge.

Im März 1962 wurde der zweite Sohn unserer Eltern, also der Dritte in der Kinderreihe geboren. Ein Jahr später kamen schon wir Zwillinge auf die Welt: Das war ein doppeltes Wunder, aber auch ein kleiner Schock, denn nun hatten meine Eltern fünf kleine Kinder.

Von Geburt an, bis wir 20 waren, gehörten Elinor und ich grundsätzlich zusammen. Das Gefühl, alleine zu sein, stellte sich erst viel später und auf sehr schmerzhafte Weise ein, denn Elinor und ich gingen als Wir durch die Welt. Zusammen waren wir stark. Wir schliefen bis wir zehn waren oft noch zusammen in einem Bett und waren bis zum Abitur in der selben Klasse.

Wir lebten in einer sehr engen Beziehung mit verteilten Rollen. Elinor war viel pflichtbewusster und nahm die Notwendigkeiten des Alltagslebens viel ernster. Sie stand rechtzeitig auf und sorgte dafür, dass wir die Hausaufgaben machten. Sie war willensstark, und ich schien verträumter.

Morgens kam ich zum Beispiel schwer aus den Federn, und die Schule interessierte mich nur teilweise. Elinor schmierte die Schulbrote und fragte mich Vokabeln ab. Ich wollte mehr lachen, habe mir lustige Geschichten ausgedacht. Mit ihrem eigensinnigen Willen hat Elinor vieles bestimmt, zum Beispiel bestand sie darauf, dass wir Hosen trugen, dass Puppen langweilig waren, und deswegen musste ich mit ihr auf den Fußballplatz.

Als wir neun Jahre alt waren, gab es eine einschneidende Veränderung. Ich konnte auf einmal nicht mehr richtig laufen, und es wurde eine schwere Hüfterkrankung diagnostiziert. Neun Monate später kam es zu einer Knochenmarkvereiterung, die fast tödlich verlaufen wäre. Ich wurde eingegipst und damit für zehn Monate ruhig gestellt. Deshalb fehlte ich in der letzten Zeit des dritten Schuljahrs und konnte auch im vierten Schuljahr den Unterricht nicht besuchen.

Heutzutage würde ein solches Kind im Krankenhaus versorgt und von einem Lehrer unterrichtet werden. Da dies damals undenkbar war, haben mich meine Eltern nach zwei Monaten nach Hause geholt, und Elinor hat mir alles beigebracht; zum Beispiel das schriftliche Malnehmen und Teilen. Aber vor allem wollte ich akribisch genau den Ablauf des Schulvormittags erfahren: Mit wem sie in der Pause in einer Fußballmannschaft gespielt hat, und was alles in der Klasse passiert war, sodass ich doch ein bisschen am vierten Schuljahr teilnehmen konnte.

Meine Erkrankung schmiedete uns noch mehr zusammen. Ich hätte eigentlich das vierte Schuljahr wiederholen müssen, und Elinor hätte schon auf das Gymnasium wechseln können. Das hätte aber Trennung bedeutet, und das wollten wir auf keinen Fall. Also gingen wir gemeinsam in die fünfte Klasse der Hauptschule und danach zusammen auf das Gymnasium. Auch hier fehlte ich wieder drei Monate, weil die Hüfte operiert werden musste. Als ich im Krankenhaus lag, hat sich Elinor mit meinem Bruder verbündet, da war ich sehr eifersüchtig, und auch als sie mit Suzanne in einen Turnverein ging, war ich neidisch.

Ich konnte lange Zeit nur begrenzt und unter großen Schmerzen laufen. Für mich blieb da nur der Schwimmverein. Ich habe sehr früh gelernt, dass ich meine Aktivitäten nach meinem Bein und nicht nach meinen Wünschen ausrichten musste. Daraus ergibt sich meine heutige Leidenschaft für Feldenkrais, Yoga und Tai-Chi.

Immer war meine Mobilität stark eingegrenzt, bis ich endlich mit 29 Jahren ein neues Hüftgelenk bekam. Es wurde mir regelrecht zu einem physischen Bedürfnis, die angestaute ungelebte Energie in künstlerische, kreative Bahnen zu lenken. Es entwickelte sich in mir eine lebhafte Fantasie und ein ausgeprägtes Einfühlungs- und Vorstellungsvermögen. Da kam mir der Weg auf die Bühne wie gerufen.

Ich habe schon in der Schule Theater gespielt und gleichzeitig am Amateurtheater in meiner Heimatstadt. Schon nach zwei Jahren Schauspielschule wurde ich für eine Rolle am Badischen Staatstheater Karlsruhe engagiert. Es war die Bertha in Strindbergs *Der Vater*. Danach spielte ich ohne

Unterbrechung in Freiburg am Badischen Staatstheater in Karlsruhe und in den letzten Jahren bei der Bremer Shakespeare-Company. Es erfüllt mich mit Glück, dass ich trotz meiner Krankheitsgeschichte den Schauspielberuf so erfolgreich ausüben kann.

Im Nachhinein habe ich das Gefühl, dass Elinor und ich uns gegenseitig die Wärme und Zuwendung gegeben haben, um unsere Eltern zu entlasten. Wir waren so viele Kinder, dass meine Eltern ihre Zuwendung zwangsläufig aufteilen mussten. Ich denke, bei uns in der Familie gab es viel Konkurrenz, weil wir alle so kurz hintereinander auf die Welt gekommen waren.

Es gab oft Gerangel um die Aufmerksamkeit der Eltern, allerdings hatten Elinor und ich eine besondere Position: Wir waren schließlich zu zweit in dem Gerangel. Wenn meine Eltern Geburtstag haben, oder auch zu Weihnachten, ist es wichtig, dass wir alle zusammenkommen. Das sind Situationen, die ich sehr liebe. Ich habe heute ein sehr inniges Verhältnis zu meinen Schwestern, und sie sind für mich wie Freundinnen. Wir empfinden eine große Solidarität untereinander. Dafür bin ich sehr dankbar und finde das wunderbar.

Während der Schulzeit hatten Elinor und ich viele Freunde. Wir waren lustig und haben viel gelacht. Wenn wir aus der Schule kamen, aßen wir zu Mittag und danach lachten wir oft eine ganze Stunde lang, so richtig albern. Für die anderen war das kaum auszuhalten.

Bei uns gab es die Unterteilung zwischen den drei Großen und den Kleinen, zu denen wir gehörten. Das fanden wir sehr ungerecht, denn wir sind ja nicht mal ein Jahr jünger als der

Dritte in der Kinderreihe, und der gehörte zu den Großen. Beim Essen kamen eher die älteren Geschwister zu Wort. Wir tauschten dann Blicke aus und hatten sowieso das Gefühl, dass wir uns ohne Worte verstehen.

Nach dem Abitur, als wir 20 waren, zog Elinor zum Studium nach Aix-en-Provence. Ab diesem Zeitpunkt ging jede von uns ihren eigenen Weg. Ich blieb zu Hause und bereitete mich zunächst auf ein Gesangsstudium vor, bis ich mich dann doch für die Schauspielerei entschied und auch gleich bei der ersten Aufnahmeprüfung an der staatlichen Schauspielschule in Stuttgart genommen wurde.

Es dauerte sehr lange, bis ich mich daran gewöhnt hatte, eigenständig zu leben. Früher hatten Elinor und ich immer alles im Detail besprochen. Zum Beispiel, was wir essen oder anziehen wollten, wen wir gut oder langweilig fanden und so weiter. Ich hatte die Tendenz, Elinor in Konfliktsituationen vorzuschicken, weil sie mutiger war. Schon mit vier Jahren, so erzählte unsere Mutter, stieg Elinor auf den hochgefahrenen Friseurstuhl, beugte sich zu mir hinunter und sagte: Du brauchst keine Angst zu haben, es tut überhaupt nicht weh.

Später, als ich allein lebte, spürte ich, dass ich im Vergleich zu Gleichaltrigen ein Nachholbedürfnis hatte. Beispielsweise war ich nicht gewohnt zu entscheiden, was ich wollte oder nicht wollte. Und ich merkte, dass die anderen entschiedener waren. Ich hatte sogar manchmal komische Gedanken, wie die Horrorvorstellung, dass ich, wenn ich jetzt sterben würde, ganz alleine in einem Sarg liegen müsste. Das schien mir unvorstellbar, einfach entsetzlich.

Heute denke ich, die Zwillingssituation ist schon sehr besonders und wunderbar, aber man entbehrt auch wichtige Entwicklungen. Gerade, was das Sprechen betrifft, brachte unser Zwillingsdasein auch Hemmnisse mit sich. Wenn wir beispielsweise Freundinnen besucht haben, wollten wir synchron das Gleiche zur gleichen Zeit erzählen, und dadurch gab es so ein ungeduldiges Gerangel.

Noch heute unterbrechen wir uns viel. Es gibt immer wieder dieses Vergleichende zwischen uns. Das ist so ein Thema in meinem Leben. Elinor und ich haben uns ständig miteinander verglichen. Wir kämpften miteinander und prüften, wer die Stärkere ist. Elinor war körperlich immer die Stärkere. Aber als wir 14 waren und uns beide in den Freund meines Bruders verliebten, war ich die Stärkere, denn Georg verliebte sich in mich.

Heute, denke ich, hat jede von uns ihre Stärken gefunden. Heutzutage ist es auch witzig, wenn Elinor und ich zusammen unterwegs sind und wir dann, wie früher, als Phänomen bestaunt werden. Ein Beispiel: Neulich besuchte sie mich in Bremen, und wir gingen mittags ins Theater zum Essen. Da drehten sich plötzlich acht Kollegen gleichzeitig zu uns um. Wir fühlten uns ein bisschen wie im Kuriositätentheater. Elinor und ich essen spiegelverkehrt; sie ist Linkshänderin, ich esse mit Rechts. Es geschieht, dass wir zur gleichen Zeit unsere Gabel in die Kartoffel stechen, uns beim Essen verschlucken und einen Hustenanfall bekommen.

Es gibt Momente, in denen ich denke, für das Erwachsenenleben wäre es einfacher gewesen, als Einling geboren zu sein, weil man früh lernt, dass man allein ist, dass man Entscheidungen allein treffen muss. Das musste ich erst langsam lernen. Andererseits wünschen Kinder sich oft heimlich, einen Zwilling zu haben, einen Menschen, der einen so ergänzt und bestärkt.

Elinor Ziellenbach

Wir sind sieben Geschwister, fünf Schwestern und zwei Brüder. Annette und ich sind eineiige Zwillinge; ich bin als Erste von uns beiden geboren. Es war in gewisser Hinsicht ganz wunderbar, so viele Geschwister zu haben, denn es war nie langweilig. Wir wohnten in einem Dorf am Rande von einem Wald; da konnten wir herrlich draußen spielen. Wir haben viel getobt, besonders Annette und ich, und wir Geschwister hingen stark aneinander.

Wir ersten fünf Kinder sind in vier Jahren geboren, sodass wir ein bisschen wie Fünflinge aufwuchsen. Annette und ich sind vier Jahre älter als unsere jüngere Schwester Margarit. Sie wollte immer mitspielen, aber das wollten wir nicht. Als wir zum Beispiel zehn Jahre alt waren, war sie erst sechs. Das machte damals einen Riesenunterschied. Unsere jüngste Schwester Dorothee war zehn Jahre jünger, die haben wir gehätschelt.

Innerhalb dieser Geschwisterschaft bildeten Annette und ich eine Einheit. Wir haben über Jahre hinweg eigentlich nur gekichert. Außenstehende konnten da gar nicht mitmachen, das Lachen war wie unsere eigene Sprache; wir haben uns nur angeguckt und haben gelacht.

Wir Zwillinge waren natürlich die Attraktion, egal wohin wir kamen. Und weil wir immer so lustig waren, waren wir sehr beliebt. In der Schule waren wir Mittelpunkt, auch später auf dem Gymnasium gruppierten sich die Kinder um uns und wollten zu uns gehören. Wir hatten verrückte Ideen und waren sehr unternehmungslustig. Ich wollte viele Abenteuer erleben und hatte keine Angst. Annette war nicht so couragiert. Sie erzählte lieber etwas Lustiges oder probierte Rollen aus.

Wir haben eine Bande gegründet und alle eingeladen; wir waren ein starkes Team. Als Zwillinge fühlt man sich unwahrscheinlich stark; man hat keine Angst, man hat die absolute Solidarität des anderen und kann sich die Aufgaben bestens aufteilen. Ich war so ein bisschen wie ein Außenminister, und Annette war der Innenminister, auch in der Geschwisterreihe.

In den gemeinsamen Spielen wurde um unsere Gunst gebuhlt. Wenn Suzanne zum Beispiel ein Hüttchen gebaut hatte, wollte sie, dass Annette und ich mitmachen. Micha baute in der anderen Ecke ein Hüttchen und wollte ebenfalls, dass wir bei ihm mitmachen. Geschwister sind zunächst Rivalen und Konkurrenten, auch wenn sie sich furchtbar lieben. Es gibt immer die Konkurrenz im Verhältnis zu den Eltern, und weil Zwillinge im Doppelpack ankommen, sind sie natürlich eine viel stärkere Bedrohung.

Eine schwere Zeit begann, als Annette mit neun Jahren ein Hüftleiden bekam. Sie musste einen Stützapparat tragen, damit die Hüfte entlastet wurde. Dann bekam sie ein halbes Jahr später eine schlimme Knochenmarkentzündung und sollte für neun Monate allein ins Krankenhaus.

Familiär war das außerordentlich schwierig, weil meine Mutter gerade das siebte Kind geboren hatte. Ich war neun, Micha zehn, Suzanne zwölf, Jonek war 13 und Margarit war fünf Jahre alt. Gott sei Dank holte meine Mutter Annette nach zwei Monaten nach Hause, aber die Situation blieb sehr schwierig, weil Annette von den Füßen bis zu den Schultern in Gips lag.

Mein Vater hatte als Gymnasiallehrer sehr viel in der Schule zu tun. Und er musste uns, weil wir auf dem Dorf wohnten, viel hin- und herfahren. Jeder von uns spielte ein Instrument; er musste uns zur Musikschule fahren, zum Ballett, zum Arzt, zum Zahnarzt und so weiter.

Als Annette wieder zu Hause war, habe ich ihr erklärt, was wir in der Schule gemacht hatten. Ich erinnere mich nicht mehr so genau, ob sie mir in dieser Zeit gefehlt hat, vielleicht habe ich das verdrängt. Es war, als ginge eine Alarmanlage an; wir wussten, dass die Eltern völlig überfordert waren und dass wir uns jetzt einbringen mussten.

Unsere Familie lebte sehr bescheiden. Wir Kinder mussten helfen, und alles war plötzlich ein bisschen ernsthafter und nicht mehr so unbeschwert. Ich fühlte mich verantwortlich, besonders natürlich dafür, dass Annette in den zehn Monaten, die sie zu Hause im Gips lag, in der Schule nicht den Anschluss verlor. Sie war ausgeliefert; sie konnte vieles nicht, und so habe ich dann viel für sie gemacht.

Auch als wir später wieder beide in die Schule gingen, habe ich ihren Ranzen getragen und ihr die Schulbrote geschmiert. Weil sie mit dem Stützapparat gehen musste, brauchte sie jemanden, der ihr half. In dieser Zeit gab es auch aggressive Spannungen zwischen uns. Anstatt miteinander zu sprechen, haben wir uns geboxt; wir hatten immer blaue Flecken. Wir waren uns furchtbar nah, konnten das aber nicht so gut äußern. Später haben wir unsere Konflikte verbal ausgetragen.

Nach einer Operation war Annette mit Krücken beweglicher, und wir konnten sogar, obwohl sie immer sehr starke

Schmerzen hatte, in unserer Freundesclique zusammen feiern und tanzen.

Mit 14 Jahren verliebten wir uns beide in den Freund unseres Bruders. Wir haben nachts im Bett geschluchzt; das war ganz schrecklich. Das Verrückte war, dass an einem Abend Annette weinte, weil Georg mehr mit mir getanzt hatte, und am nächsten Wochenende hatte er mehr mit Annette getanzt, und dann war ich unglücklich. Er schwankte hin und her, und als er sich für Annette entschied, war das für mich ziemlich schlimm. Annette und Georg waren dann sechs Jahre zusammen, aber ich verliebte mich bald in Georgs Bruder. Also waren wir bis zum Abitur zwei feste Paare.

Annette und ich waren immer in derselben Klasse, und sogar in der Oberstufe wählte Annette dieselben Kurse wie ich. Ich fühlte mich für Annette immer sehr verantwortlich und habe die Schule sehr ernst genommen.

Manchmal hat es mich ein bisschen genervt, dass wir immer zusammen auftauchten, und wenn wir etwas erzählen wollten, mussten wir uns einigen, wer was sagt. Es kam mir so vor, als wenn immer Annette erzählt hat und ich nur zugehört habe. Wir haben auch darum gestritten, wer reden durfte. Dadurch haben wir immer so abgehackt gesprochen und waren nicht in der Lage, die Sätze richtig zu Ende zu führen. Mit 16 bekamen wir darum Sprechunterricht. Unsere Logopädin war früher Opernsängerin gewesen, und wir wollten bei ihr Gesangsunterricht nehmen. Annette und ich wollten damals immer schon in einer Band mitmachen und Theater spielen.

Als wir beide vorgesungen hatten, sagte sie zu Annette: »Hier steht die Begabung«. Und mich ließ sie stehen. Annette war immer so leicht und beschwingt; ich war ernsthafter als sie. Es gab noch so ein paar Konkurrenzsituationen: Die Geschichte mit Georg, wo ich verloren habe, oder auch in der Oberstufe, als wir bei einem Theaterkurs mitmachen wollten: Annette wurde gleich genommen und bekam eine Hauptrolle, zu mir sagte die Lehrerin: »Also zwei gleiche Gesichter, das geht auf der Bühne nicht«.

Nach dem Abitur wollte ich ganz weit weg. Ich hatte das Gefühl, wir müssten uns mal trennen, und jeder müsste seinen eigenen Weg gehen. So bin ich zwei Jahre nach Südfrankreich gegangen und studierte dort Psychologie. Jetzt ging es mal um mich und nicht immer um Annette – das hatte etwas Befreiendes für mich.

Nach zwei Jahren habe ich das Studium abgebrochen, weil ich lieber Musik studieren wollte. Zu der Zeit gingen Annette und Suzanne nach Stuttgart an die Schauspielschule. Darauf war ich sehr eifersüchtig, weil ich das Gefühl hatte, dass die beiden die Möglichkeit hatten, sich kreativ und künstlerisch auszudrücken, was für mich auch ein wichtiger Punkt im Leben war. Ich bin dann zu meinen Eltern nach Deutschland zurückgegangen und habe intensiv Klarinette, Saxofon und Klavier geübt, um mich auf die Aufnahmeprüfung zum Musikstudium vorzubereiten.

Mit Annette ging es auf der Schauspielschule granatenmäßig nach oben. Sie hatte gleich im zweiten Jahr einen Stückvertrag und viel Erfolg. Ich fand immer, dass sie wunderbar und authentisch spielte und freute mich für sie, aber ich habe sie auch sehr beneidet. Nach sieben Aufnahmeprüfungen war ich immer noch nicht an einer Musikhochschule; ich war schon fast 24, für das Musikstudium war der Zug abgefahren, und ich wusste nicht, was ich machen sollte.

Dann hab ich mich entschieden, Lehrerin zu werden, weil ich dachte, so nachmittags Zeit zu haben, um weiter Musik zu machen. Das schien ein guter Kompromiss. Außerdem hatte ich nach vierjähriger Trennung wieder Lust, in Annettes Nähe zu sein. Sie hatte ein Engagement in Freiburg, und deshalb bin ich auch nach Freiburg an die Pädagogische Hochschule gegangen. Aber das war nicht so leicht für mich.

Annette war mit 24 Jahren fertige Schauspielerin. Sie spielte viele Hauptrollen, und jedermann erzählte mir von meiner tollen Schwester, während ich in dieser langweiligen PH war, mit einem Studium, das mich nicht besonders interessierte. Ich hatte das Gefühl, dass ich, im Gegensatz zu Annette, nicht zu dem kam, was ich wollte. Ich würde heute sagen, dass die Zeit zwischen 20 und 30 eine schwierige Zeit in meinem Leben war.

Seitdem ich hier in Hamburg wohne und eine feste Stelle an einer Grundschule habe, hat sich alles um 180 Grad gedreht. Ich bin sehr glücklich in meinem Beruf. Die Arbeit mit den Kindern geht mir leicht von der Hand. Ich ziehe sehr viel Befriedigung aus meinem Beruf. Ich kann viele Ideen einbringen, kann die Kinder für Musik begeistern und habe genügend Zeit, selbst Musik zu machen.

Wenn ich jetzt sehe, wie schwierig und unwägbar die Schauspielerei ist –, dann sehe ich ihren Beruf mittlerweile auch mit anderen Augen.

Dass wir Zwillinge sind, wird mir wieder bewusst, wenn ich zum Beispiel nach Bremen zu Annettes Theaterpremiere komme. Alle gucken mich an, fünf Leute fallen mir um den Hals und verwechseln mich mit Annette oder fragen verwundert, warum ich noch nicht umgezogen sei.

Natürlich empfinden wir immer noch alles sehr ähnlich und haben in vielen Situationen die gleiche Assoziation; wir finden immer das gleiche Lied gut und mögen dieselben Dinge gerne.

Es bestärkt ungemein, gleich zu empfinden, das war immer so. Darum haben wir uns auch immer gut zusammen gefühlt. Wenn man sich unsere sprachliche Entwicklung ansieht oder die Schwierigkeit, erwachsen zu werden, dann würde ich sagen, dass wir uns, bis wir 20 waren, gegenseitig gehemmt haben. Weil ich immer der aktive Part in unserer Beziehung war, hat Annette mehr im Selbstständigwerden und Mutigsein nachholen müssen.

Natürlich habe ich nach wie vor zu Annette den innigsten Draht. Wir telefonieren mindestens einmal in der Woche; wir haben immer Kontakt. Manchmal versuchen wir auch zur gleichen Zeit uns anzurufen, dann ist natürlich besetzt.

Folgendes haben uns unsere Eltern erzählt: Als ich in Südfrankreich war und sie in Jugoslawien, haben wir, obwohl wir uns vier Wochen nicht gesehen hatten, im Abstand von zwei Minuten bei unseren Eltern angerufen, um uns zu erkundigen, wo die andere sei.

Wir sind auch heute noch emotional eng verbunden. Gerade rief Annette an, dass es ihr sehr schlecht ginge; da habe ich alles abgesagt und bin sofort zu ihr gefahren. Das ist ganz wichtig; ich kann es schwer ertragen, wenn es ihr nicht gut geht und umgekehrt ist es genauso. Wir haben eine große

Solidarität miteinander, aber trotzdem regt sich Annette furchtbar darüber auf, wie ich bin, und ich rege mich furchtbar darüber auf, wie sie ist. Das aber nur deshalb, weil wir uns wechselseitig wie im Spiegel sehen.